September 2004

Liebe Judith,

ich wünsche dir ganz viel Spaß beim Nach-
bauen und Ausprobieren!

Tante Sonja

Kinderleichte Kochrezepte

Kristiane Müller-Urban · Walter Steinbeck

Kinderleichte Kochrezepte

für kleine Leute

BASSERmann

Die Ratschläge in diesem Buch sind von Autorin und Verlag sorgfältig erwogen und geprüft, dennoch kann eine Garantie nicht übernommen werden. Eine Haftung der Autorin bzw. des Verlags und seiner Beauftragten für Personen-, Sach- und Vermögensschäden ist ausgeschlossen.

Verlag und Autorin danken der Firma CMA für Ihre freundliche Unterstützung.

ISBN 3 8068 1617 7

Sonderausgabe © 2004 by Bassermann Verlag,
einem Unternehmen der Verlagsgruppe Random House GmbH, München

Originalausgabe © 1995/1997 by Falken Verlag,
einem Unternehmen der Verlagsgruppe Random House GmbH, München

Die Verwertung der Texte und Bilder, auch auszugsweise, ist ohne Zustimmung des Verlags urheberrechtswidrig und strafbar. Dies gilt auch für Vervielfältigungen, Übersetzungen, Mikroverfilmung und für die Verarbeitung mit elektronischen Systemen.

Umschlaggestaltung: Therese und Horst Rothe, Niedernhausen
Titelbild: Walter Steinbeck
Fotos: CMA, Bonn: 21; **CMA/Ektacolor**, Düsseldorf: 38; **Fotostudio Eberle**, Schwäbisch Gmünd: 33; **Grauel und Uphoff**, Hannover: 37; **Brigitte Harms**, Hamburg: 19, 29, 90, 117; **Creative Studios Heinemann**, Mettmann: 36; **Peter Udo Pinzer**, Eppstein: 112; **Schilling und Schmitz**, Köln: 64/65, 104, 106; **Studio Margit Schwarz**, Frankfurt am Main: 22, 122, 123; **Kommunikation und Marketing Volker Stoltz GmbH & Co. KG**, Bonn: 115; **Studio Tessmann und Endress**, Frankfurt am Main: 39; **Michael Wissing**, Elzach-Katzenmoos: 16–18, 20, 26/27, 32, 34, 35, 41, 45, 60/61, 66/67, 80/81, 109, 116, 120, 124, 125; alle anderen Fotos: **TLC Foto-Studio-GmbH**, Velen-Ramsdorf
Zeichnungen: Walter Steinbeck, Fulda
Layout: Walter Steinbeck, Fulda; Ute Weber, Wiesbaden
Redaktion: Simone Hoffmann
Herstellung: Walter Steinbeck, Michaela Krekel
Satz: FROMM MediaDesign GmbH, 65618 Selters/Ts.
Druck und Bindung: Těšínská Tiskárna, Český Těšín
Printed in the Czech Republic

113820202X817 6253 4453 6271

Inhaltsverzeichnis

 Kinder können klasse kochen   6

 Alfreds kleine Küchenkunde für junge Kochkünstler   8

 Gut vorbereitet ist halb gekocht   10

 Unsere Feuerstelle – der Herd   12

 Guten Morgen, Frühstück   14

 Wenn der kleine Hunger kommt: in der Pause und zwischendurch   30

 Schmetterlinge, Muscheln, Federn: Nudeln querbeet   46

 Heiß und weiß: Immer lecker schmeckt der Reis   62

 Tolles aus der knubbeligen Knolle   78

 Jeden Tag und immer wieder: Suppen und Salate   94

 Naschkätzchens supersüße Zuckerspeisen   110

 Rezeptverzeichnis   127

Kinder können klasse kochen

Gestatten, dass ich mich vorstelle: Ich heiße Alfred und bin das dickste kochende Nilpferd der Welt – und natürlich auch das beste. Kirschen kochen, Pizza backen, Müsli mischen und Schulbrot schmieren habe ich von meiner Mama gelernt. Aber artig und gekämmt am Tisch zu sitzen und zu futtern, bis alles weggeputzt ist und die Teller und Schüsseln spiegelsauberblitzeblank sind – das hat mir mein Papa beigebracht.

Nach dem Essen haben wir natürlich (fast) immer die Küche aufgeräumt. Mama hat dann genügend Zeit, sich etwas Leckeres und Gesundes für die nächste Mahlzeit auszudenken. So konnten wir uns schon beim Geschirrspülen auf die nächste Mahlzeit freuen.

Als ich dann nach einiger Zeit so richtig fit und gut war im Kartoffeln kochen, Braten braten und Brötchen backen, habe ich mir meine Lieblingsspeisen alle aufgeschrieben und mit Antonella, der Schnecke, und Karlchen, der Maus, wochenlang gekocht und gegessen. Mannomann, war das ein Leben!

Ich wurde selbstverständlich stadtbekannt mit meinen tollen Kochkünsten.

Und eines Tages erschienen in meiner Küche Walter mit Papier und Bleistift und Kristiane mit ihrem Laptop. Klar, dass sie neugierig auf meine Küchenkünste waren und hungrig obendrein – wie mein Papa.

So ging ich mit meinen Freunden ans Werk und an den Herd. Zuerst gab es Wurstsalat-Brötchen (siehe Seite 37). Augenblicklich hörte der Menschenbauch auf zu knurren. Danach tischten wir den beiden Spaghetti mit Tomatensauce (siehe Seite 48) auf, während wir kochenden Köche gritzegelben Safranreis (siehe Seite 66) und Hühnerspieße (siehe Seite 86) verspeisten. Antonella, die Schnecke, wollte dann unbedingt noch grünen Salat mit Banane (siehe Seite 104) und unsere beiden Gäste wünschten sich als Abschluss schokoladensüße Mandelknusperchen (siehe Seite 125).

Kristiane und Walter waren hingerissen von unseren Kochkünsten. Sie tippte meine Rezepte ganz schnell direkt in ihren Computer, während er, der Zeichner, jede Bewegung genauestens aufs Papier strichelte. Was die zwei wohl damit vorhatten?

Nun, da haben wir den Salat! Hier ist das erste kunterbunte Kinderkochbuch mit Alfred, aufgeschrieben von Kristiane und gemalt mit Pinsel und vielen schönen Farben von Walter.

Darin findet ihr nun zahlreiche tolle Ideen für Frühstück, Zwischenmahlzeit, Mittagessen, Nachtisch und Abendbrot, die ihr bestimmt gleich zubereiten wollt.

Zuvor ist es aber ratsam, auch einen Blick auf die nächsten Seiten zu werfen, wo nämlich verschiedene nützliche Küchengeräte zu sehen sind und außerdem wichtige Grundkenntnisse vermittelt werden.

Viel Vergnügen beim Blättern, Schmökern und Nachkochen wünschen Alfred und seine Freunde.

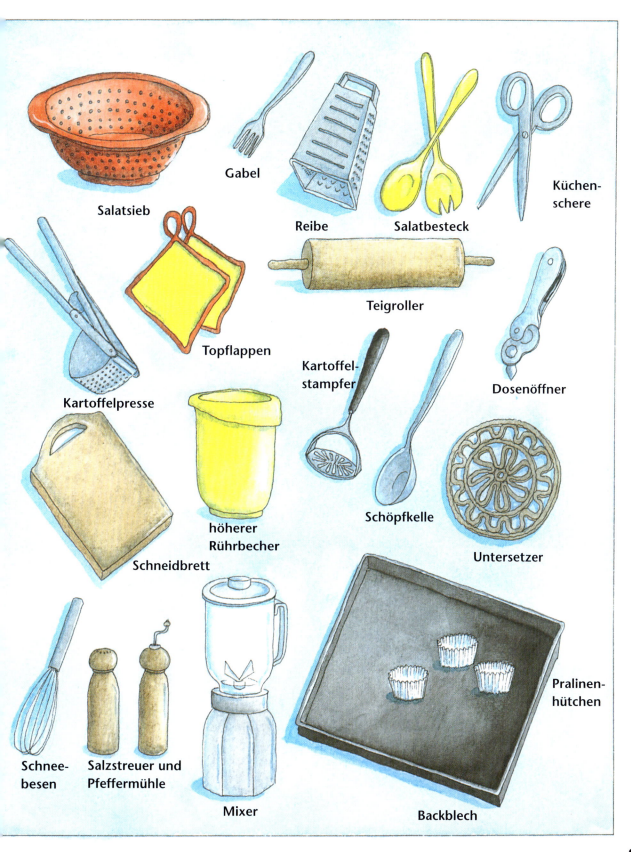

Gut vorbereitet ist halb gekocht

Bevor du mit dem Kochen beginnst, liest du dir das Rezept durch und stellst dir alle Zutaten und alle Dinge, die du zum Kochen brauchst, zusammen. Dann kann es dir nicht passieren, dass beispielsweise die Milch überkocht, während du den Zucker suchst und abmisst.

Fast alle Rezepte in diesem Buch sind für 2 Portionen, manchmal aber auch für 4 Portionen – das steht immer unter dem Rezeptnamen. Wenn du für 4 Personen kochen möchtest, das Rezept aber nur für 2 Portionen gedacht ist, dann musst du alle Zutaten verdoppeln: So einfach ist das.

Was du beim Kochen immer brauchst, ist etwas Zeit und eine Schürze. Es sieht nämlich nicht sehr lustig aus, wenn dein weißes T-Shirt mit roten Tomatensaucensprenkeln übersät ist. Damit du die Koch- und Bratzeiten einhalten kannst, brauchst du stets eine Uhr. Und die hängt sicherlich an irgendeiner Küchenwand, sonst sieh auf deine Armbanduhr oder benutze einen Küchenwecker.

Richtig abmessen und wiegen

Bei der Zubereitung musst du die angegebenen Mengen genau abmessen. Zum Abmessen benutzt du

einen Messbecher

eine Küchenwaage

eine Tasse

einen Esslöffel

einen Teelöffel

Viele Lebensmittel kaufst du gleich in der angegebenen Menge wie beispielsweise

einen Becher Jogurt oder Sahne

250 Gramm Quark

500 Gramm Tomaten oder Möhren

einen Kopfsalat

100 Gramm Salami

100 Gramm Käse

1 Paprikaschote

1 Salatgurke

Obwohl wir in diesem Buch versucht haben, alle Angaben möglichst einfach anzugeben, z. B. mit Hilfe eines Esslöffels oder eines Teelöffels, musst du manchmal etwas abwiegen, wie beispielsweise 100 Gramm Grieß. Die meisten Küchenwaagen haben eine Schale, in die du das Lebensmittel, das gewogen werden soll, hineinlegen musst. Auf der Anzeigenskala liest du das Gewicht ab. Wichtig ist, dass vor dem Wiegen der Zeiger auf 0 steht.

Beim Abmessen von Milch oder Wasser hilft dir der Messbecher. Er besitzt eine Skala für Liter (⅛, ¼, ½, ¾ und 1 Liter). Daneben befindet sich eine Skala für Milliliter.

Dabei entspricht

⅛ Liter = 125 Milliliter

¼ Liter = 250 Milliliter

½ Liter = 500 Milliliter

¾ Liter = 750 Milliliter

1 Liter = 1 000 Milliliter

Gängige Abkürzungen in einem Kochbuch sind:

EL	=	Esslöffel
TL	=	Teelöffel
kg	=	Kilogramm
g	=	Gramm
ml	=	Milliliter
l	=	Liter
Msp.	=	Messerspitze
P.	=	Päckchen, Packung
TK	=	Tiefkühlprodukt
ca.	=	cirka

Gut würzen will gelernt sein

Mann, das ist ein schwieriges Kapitel! Warum? Da schlage ich zum Beispiel bei einer Suppe „3 Messerspitzen Salz" vor. Das ist die dreifache Menge, die auf eine Messerspitze passt. Nun wird es sicherlich später beim Essen Menschen geben, die finden, dass zu viel Salz in der Suppe ist. Andere greifen sofort zum Salzstreuer auf dem Tisch und finden, dass zu wenig Salz in der Suppe ist. Aber so ist das immer …

Manchmal heißt es auch „1 Prise Salz". Damit ist die Menge gemeint, die zwischen Daumen und Zeigefinger passt – und das ist bei einem kleinen Menschen mit kleinen Fingern natürlich weniger als bei einem Erwachsenen mit größeren Fingern.

Am besten, du probierst alle Speisen, die du gekocht hast. Und zwar mit einem frischen Tee- oder Esslöffel. Bitte, auch wenn es noch so lecker schmeckt, tauch den Löffel, den du eben abgeleckt hast, nicht noch einmal in den Pudding, die Sauce oder Suppe. Es gibt viele Gerichte, wie beispielsweise Pudding oder eine Creme, die nach einem zweimaligen Eintauchen des abgeleckten Löffels wieder flüssig werden. Das liegt an der Spucke.

Du weißt jetzt, dass du alle Gerichte kosten musst, bevor du sie auf den Tisch stellst. Zum Abschmecken eignen sich Salz und Pfeffer aus der Mühle sowie andere Gewürze. Aus der Pfeffermühle deshalb, weil der frisch gemahlene Pfeffer (egal ob weiß oder schwarz) viel aromatischer schmeckt. Nun wirst du fragen, was zu tun ist, wenn es nicht richtig schmeckt? Dafür gibt es in jeder Küche ein Gewürzbord oder -schrank. Versuch es mit einer Prise (siehe oben) Zucker, mit Paprikapulver oder Curry, mit Muskatnuss, Kümmel oder Kardamom, mit etwas Tomatenmark oder Senf.

Mit getrockneten oder frischen Kräutern kann man vieles wunderbar würzen – bis auf Süßspeisen. Neben Petersilie, Schnittlauch und Dill gibt es so feine Kräuter wie Thymian, Majoran oder Basilikum, Zitronenmelisse, Estragon und Kresse. Schau dich einfach mal beim nächsten Gang über den Wochenmarkt um und schnuppere an den verschiedenen Gewürzkräutern. Herrlich, wie das riecht!

Das mag ich nicht!

Ich, Alfred, das kochende Nilpferd, mag Zwiebeln und Knoblauch. Andere, das weiß ich, mögen es gar nicht. Null Problemo! Lass es einfach weg. Du magst keine Birnen im Obstsalat, dann nimm stattdessen einen Pfirsich oder Erdbeeren. Du magst keinen Zimt, dann nimm einfach etwas Kakaopulver.

Unsere Feuerstelle – der Herd

Wenn du den Herd in der Küche betrachtest, sieht er eigentlich ganz harmlos aus. Auch wenn er nicht faucht und raucht, ist immer Vorsicht geboten. Was glaubst du, wie oft ich mir schon die Pfoten verbrannt habe? Damit dir das nicht auch passiert, hör dir die folgenden Ratschläge ruhig einmal an.

Bevor du das erste Mal den Herd anschaltest, solltest du ihn dir von deinen Eltern erklären lassen. Denn es gibt eine Vielzahl von Modellen, die alle etwas anders ausgestattet sind, als es hier erklärt wird.

Der Elektroherd

Dieser Küchenherd hat drei oder vier Schalter für drei oder vier Kochplatten und einen oder zwei für den Backofen. Die Schalter haben Zahlen von 0 bis 3 bei der normalen Herdplatte und 0 bis 9 oder 0 bis 12 bei den Automatikkochplatten. Bei den normalen Herdplatten brauchst du die
Stufe 3 zum Anbraten oder Ankochen,
Stufe 2 zum langsamen Weiterbraten oder Weiterkochen,
Stufe 1 zum Fertigkochen.
Bei der Automatikplatte nimmst du die
Stufen 10 bis 12 zum Anbraten oder Ankochen,
Stufen 6 bis 8 zum langsamen Weiterbraten oder Weiterkochen,
Stufen 2 bis 4 zum Fertigkochen.
Stufe 1 ist zum Warmhalten der Speisen ideal.

Sicherlich hast du schon bemerkt, dass der Elektroherd verschieden große Herdplatten besitzt. Wähle zum Kochen immer diejenige Platte, die so groß ist wie der Topfboden. Ist nämlich der Topf kleiner als die Herdplatte, vergeudest du zu viel Strom. Ist der Topf jedoch größer als die Herdplatte, brennt der Inhalt an. Wenn die Schalter auf 0 stehen, ist der Herd ausgeschaltet.

Der Gasherd

Küchenherde, die mit Gas statt mit Strom geheizt werden, besitzen Schalter mit den Stufen 0 bis 3. Dabei kannst du auch die Gasflamme nach der Größe einstellen.
Stufe 2 und 3 oder eine mittelgroße bis große Flamme brauchst du zum Anbraten und Ankochen.
Stufe 1 oder eine kleine Flamme nimmst du zum langsamen Weiterbraten oder Weiterkochen und Fertigkochen. Wenn die Schalter auf 0 stehen, ist der Herd ausgeschaltet.

Der Backofen

Pizza, Aufläufe, gefüllte Hörnchen und Ähnliches werden im Backofen gebacken. Backöfen gibt es in verschiedenen Ausführungen, sodass du dir am besten den Backofen von deinen Eltern erklären lassen sollst. Die meisten arbeiten mit Ober- und Unterhitze, wobei die Hitze gleichmäßig im oberen und unteren Teil des Backofens verteilt wird. Außerdem gibt es Backöfen, die mit Umluft oder Heißluft arbeiten, und andere verfügen zusätzlich über eine Mikrowelle. Frag deine Eltern, wie es geht.

Jeder Backofen hat mehrere Schienen, in die der Rost oder das Blech eingeschoben wird. Die zweite Schiene von unten ist meistens richtig.

Alfred rät!

Stell Töpfe und Pfannen immer so auf den Herd, dass die Stiele und Griffe nie über den Herdrand hinausragen. Du kannst sonst leicht daranstoßen und der heiße Topf- oder Pfanneninhalt ergießt sich über deine Hände und Beine.

Leg dir immer ein Paar Topflappen bereit. Manchmal werden die Griffe von Deckel und Topf oder der Pfannenstiel sehr heiß. Auflaufformen und Backbleche holst du immer mit Topflappen aus dem Backofen. Und damit du die Arbeitsplatte nicht ruinierst, verwende immer einen Untersetzer oder ein Holzbrett.

Während du kochst, renn nicht aus der Küche zum Telefon oder an die Tür. Stell zuvor alle Elektro- und Gaskochstellen ab. Du glaubst ja gar nicht, wie schnell Milch überkocht. Auch wenn du fertig bist, sieh nach, ob du alle Kochstellen und den Backofen ausgeschaltet hast.

MOMENT BITTE! HIER RIECHT ES ETWAS ANGEBRANNT!

Was tun, wenn der Pudding angebrannt ist? Zuerst: nicht ärgern, das passiert jedem Kochkünstler. Lass den Topfinhalt etwas abkühlen und gieß lauwarmes Wasser darauf. Nach etwa 30 Minuten ist alles schön aufgeweicht und du kannst den Topf wieder sauber spülen.

Wenn du den letzten Pfannkuchen gebacken hast, lauf bitte nicht mit der heißen Pfanne zum Ausguss, um kaltes Wasser darauf zu schütten! Warte 15 Minuten, bis die Pfanne abgekühlt ist, erst dann lässt du lauwarmes Wasser hineinlaufen.

So wie du viele Jahre brauchst, um Rechnen, Schreiben und Lesen zu lernen, brauchst du auch einige Übung, bis du richtig kochen kannst. Such dir beim ersten Mal ein ganz einfaches Rezept aus, wie beispielsweise Eibrot. Beim nächsten Mal traust du dich schon an einen Grießbrei und bald überraschst du deine Freunde mit einer dampfenden Pizza.

Und nun ran an den Herd, und viel Spaß mit Alfred.

Guten Morgen, Frühstück

Worauf freuen sich Groß und Klein, wenn die Sonne durch das Fenster lacht, der Hahn kräht und die Vögel singen, wenn die ersten Autos über die Straße poltern und die Menschen noch unausgeschlafen in den Spiegel schauen? Auf ein leckeres Frühstück! Die erste Mahlzeit des Tages nach einer langen, dunklen Nacht. Alfred meint, es muss nicht immer ein Brot mit Honig oder ein Brötchen mit Marmelade oder Nougatcreme sein. Wie wär's denn einmal mit einem fruchtigen Müsli oder einer süßen Grießsuppe? Frühlingsfrisch schmeckt auch ein Radieschenbrot. Allen Langschläfern empfiehlt Alfred am Wochenende würzige Spiegeleier, und zwar auf Tomaten.

Müsli mit Himbeeren und Erdbeeren

Für 2 Morgenmuffel

Das sind die Zutaten:
6 leicht gehäufte EL kernige Haferflocken
200 g Jogurt
2 EL flüssiger Honig
2 EL Zitronensaft
1 Tasse mit Erdbeeren
1 Tasse mit Himbeeren

Diese Küchengeräte sollten nicht fehlen:
2 Schälchen, 1 Esslöffel,
1 Teelöffel, 1 Zitruspresse,
1 Tasse, 1 Sieb,
1 Küchenmesser

1. Die Haferflocken verteilst du auf die beiden Schälchen. Dann gibst du den Jogurt und den Honig über die Haferflocken.

2. Den Honiglöffel mit Wasser abspülen. Mit dem Teelöffel verrührst du nun in beiden Schälchen die Haferflocken mit Jogurt und Honig.

3. Eine Zitrone schneidest du mit dem Messer in der Mitte durch und presst mit der

Zitruspresse etwas Saft aus, den du über die angerührten Haferflocken gießt. Wieder alles mit Hilfe des Teelöffels mischen.

4. Die Erdbeeren legst du ins Sieb und spülst sie unter kaltem Wasser ab, dann abtropfen lassen. Mit

dem kleinen Messer musst du die grünen Stielansätze wegschneiden und die Früchte klein schneiden.

5. Jetzt legst du die Himbeeren ins Sieb, braust sie ebenfalls ab und mischst die Erdbeerstücke und die Himbeeren mit den Haferflocken.

Früchte-quark

Für 2 Morgenmuffel

Das sind die Zutaten:
125 g Magerquark
½ Zitrone
1 EL Zucker
2 Tassen gemischtes Obst wie Erdbeeren, Johannisbeeren, Banane, Kiwi, Birne, Trauben
1 Orange
1 EL Zucker
1 TL Zimt oder Kakaopulver

Diese Küchengeräte sollten nicht fehlen:
1 kleine Schüssel
1 Zitruspresse
1 Esslöffel
1 Tasse, 1 Sieb
1 Küchenmesser
1 Schneidbrett
2 Teller

1. Für die Quarkcreme gibst du zuerst die Hälfte des Quarks aus der Packung in eine Schüssel (das sind 125 Gramm).

2. Die halbe Zitrone drückst du auf der Zitruspresse aus und gießt den Saft zum Quark. Streu den Zucker darüber und verrühr den Quark mit dem Zitronensaft und dem Zucker.

Die Quarkcreme darfst du ruhig schon einmal probieren. Fehlt vielleicht noch ein wenig Zucker? Dann füg ihn noch hinzu. Du kannst den Quark auch mit Honig süßen.

3. Früchte, die nicht geschält werden, legst du ins Sieb und spülst sie unter kaltem Wasser ab, dann lässt du sie abtropfen. Je nachdem, welches Obst du verwendest, musst du beispielsweise Johannisbeeren zuerst von den Stengeln zupfen, die Banane schälen und in Scheiben schneiden, Erdbeeren vom grünen Stielansatz befreien und in Stücke schneiden, Trauben halbieren, die Birnen würfeln.

4. Das klein geschnittene Obst verteilst du auf die beiden Teller. Halbier nun die Orange, press den Saft auf der Zitruspresse aus und gieß ihn über die Früchte.

5. Jetzt verteil den Quark über das Obst und streu etwas Zimtzucker oder Kakaopulver auf den Quark. Für den Zimtzucker mischst du einen Esslöffel Zucker und einen Teelöffel Zimt.
Dazu schmeckt ein knuspriger Zwieback.

Feine Grießsuppe

Für 2 Morgenmuffel

Das sind die Zutaten:
300 ml Milch, 4 TL Grieß,
2 TL Zucker, 1 TL Butter,
1 unbehandelte Zitrone

Diese Küchengeräte sollten nicht fehlen:
1 Messbecher
1 mittelgroßer Topf
1 Teelöffel
1 Schneebesen
1 Geschirrtuch
1 kleine Reibe
2 Suppenteller
1 Schöpfkelle

1. Damit die Grießsuppe nicht zu dick und nicht zu dünn wird, musst du zuerst 300 Milliliter Milch abmessen und in den Kochtopf gießen.

2. Jetzt bringst du die Milch zum Kochen. Dafür stellst du den Herd am besten auf eine mittlere Hitze ein. Auf jeden Fall darfst du den Herd nicht verlassen, weil kochende Milch leicht über den Topfrand quillt.

3. Sobald die Milch anfängt nach oben zu steigen, gibst du den Grieß dazu und schaltest den Herd aus. Nun musst du rühren, bis die Suppe eindickt.

4. Jetzt erst fügst du den Zucker hinzu und danach die Butter.

5. Wasch die Zitrone unter möglichst heißem Wasser und trockne sie mit dem Geschirrtuch ab.

6. Mit der Schöpfkelle füllst du die Grießsuppe in die beiden Teller und reibst ein wenig Zitronenschale darüber. Dabei darfst du nicht zu fest reiben, weil die weiße Haut unter der dünnen gelben Zitronenschale bitter schmeckt.

Dazu passt eine Scheibe Brot oder ein Brötchen.

Porridge

Für 2 Morgenmuffel

Das sind die Zutaten:
380 ml Wasser
6 gehäufte EL Haferflocken
1 Prise Salz
2 TL Butter
kalte Milch oder süße Sahne
Zucker oder Honig
Rosinen und gehackte Nüsse

Diese Küchengeräte sollten nicht fehlen:
1 mittelgroßer Kochtopf
1 Messbecher
1 Esslöffel
1 Rührlöffel
1 Teelöffel
2 Suppenteller

1. Miss zuerst das Wasser mit Hilfe des Messbechers ab, gieß es danach in den Kochtopf und bring es auf der höchsten Stufe zum Kochen.

2. Sobald das Wasser blubbert und sprudelt, schüttest du die Haferflocken ins Wasser und rührst mit dem Rührlöffel um. Stell den Herd auf einen mittleren Wert ein und lass den Haferbrei 10 Minuten leicht kochen. Falls du kernige Haferflocken verwendet hast, muss der Haferbrei 20 Minuten köcheln. Vergiss dabei bitte nicht, den Brei ab und zu umzurühren, damit er möglichst nicht anbrennt.

3. Würz den Haferbrei mit einer Prise Salz. Eine Prise ist diejenige Menge, die du zwischen Daumen und Zeigefinger greifen kannst.

4. Probier mit einem Teelöffel, ob der Porridge schon weich ist. Dann schöpf ihn mit einem Esslöffel auf die beiden Suppenteller, drück mit dem Löffelrücken eine Mulde in die Mitte und gib dort die Butter hinein.

5. Weil Porridge nur nach Hafer schmeckt, stellst du ein Kännchen mit kalter Milch oder süßer Sahne, einen Topf mit Zucker oder ein Glas mit Honig sowie Schälchen mit Rosinen und gehackten Mandeln oder Haselnüssen oder Krokant auf den Tisch. Jeder kann sich dann selbst von diesen feinen Zutaten bedienen.

Gewürzter Camembert

Für 2 Morgenmuffel

Das sind die Zutaten:
125 g weicher Camembert
1 EL weiche Butter oder Margarine
½ kleine Zwiebel
etwas Pfeffer aus der Mühle
1 Prise Paprikapulver
2 EL Petersilie
2 Vollkornbrötchen
8 Scheiben Salatgurke
1 kleine Tomate

Diese Küchengeräte sollten nicht fehlen:
1 mittelgroße Schüssel
1 Gabel
1 Esslöffel
1 Küchenmesser
1 Schneidbrett
1 Brotmesser
1 Toaster mit Brötchenaufsatz
2 kleine Teller

1. Den weichen Camembert schneidest du zuerst in Würfel, legst diese in die Schüssel, fügst die Butter oder Margarine hinzu und zerdrückst beides mit der Gabel.

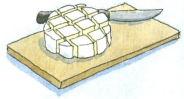

2. Von der Zwiebel ziehst du die Haut ab und schneidest sie fein. Falls du weinen musst, trockne dir erst einmal die Tränen. Dann mischst du die Würfelchen mit dem Camembert. Du magst keine Zwiebeln? Dann lass sie weg!

3. Würz nun den Käse je nach Geschmack mit ein paar Umdrehungen aus der Pfeffermühle oder einfach mit dem Pfefferstreuer sowie mit einer Prise Paprikapulver.

4. Die Petersilie muss nicht frisch sein. Du kannst auch tief gefrorene verwenden. Wenn du einen Bund mit frischer Petersilie hast, dann wasch die Kräuter unter fließendem Wasser, schüttel die Feuchtigkeit gut aus und zupf einige Blättchen von den Stielen. Schneid sie mit einem Messer nicht zu fein. Gib die gehackte Petersilie zum Camembert und verrühr alles mit der Gabel.

5. Die Brötchen musst du zuerst mit dem Brotmesser halbieren und dann nach Geschmack leicht auf dem Brötchenaufsatz des Toasters rösten. Anschließend bestreichst du sie mit dem gewürzten Camembert. Zum Schluss mit Gurkenscheiben und Tomatenstücken garnieren.

DAZU SCHMECKT EIN GLAS TOMATENSAFT!

Eibrot mit Paprika und Kresse

Für 2 Morgenmuffel

Das sind die Zutaten:
2 Eier, 1 rote Paprikaschote
½ Kästchen Kresse
2 Scheiben Kastenweißbrot
2 TL Butter oder Margarine

Diese Küchengeräte sollten nicht fehlen:
1 kleiner Kochtopf mit Deckel, 1 Eierstecher
1 Küchenmesser
1 Schneidbrett
1 Küchenschere
1 Toaster, 1 Messer
1 Teelöffel, 1 Eierschneider

1. Die Eier am stumpfen Ende, wo eine Luftblase sitzt, mit einem Eierstecher einstechen. Dieses kleine Loch verhindert, dass sie beim Kochen platzen.

2. Leg die beiden Eier in den Topf und gieß so viel kaltes Wasser darüber, bis die Eier darin untertauchen. Dann den Deckel auf den Topf legen und nun das Wasser zum Kochen bringen.

3. Wenn der Deckel zu tanzen beginnt, schau auf die Uhr, und stell die Hitze kleiner: Nach genau 8 Minuten gießt du das heiße Wasser ab und hältst den Topf samt den Eiern unter kaltes Wasser. Dann lassen sie sich leicht schälen.

4. Lass die Eier abkühlen und halbier inzwischen die Paprikaschote. Schneid alle weißen Innenstege sowie die Kerne weg und wasch die Hälften. Eine Paprikahälfte musst du in kleine Würfel schneiden, die andere Hälfte in dünne Streifen.

5. Die Kresse kurz abwaschen. Dann schneidest du die Hälfte der Blättchen mit der Küchenschere auf einen Teller.

6. Jetzt kannst du die beiden Brotscheiben leicht toasten und anschließend mit Butter oder Margarine bestreichen. Wenn du die beiden Eier geschält hast, schneid sie mit dem Eierschneider in Scheiben und leg diese auf die Brote. Streu dann noch Paprikawürfel und Kresse darüber. Die Paprikastreifen legst du am besten neben die Eierbrote auf die Teller.

Dazu passt ein Glas Buttermilch.

Radieschenbrot mit Frischkäse

Für 2 Morgenmuffel

Das sind die Zutaten:
2 Scheiben Vollkornbrot
2 TL Butter oder Margarine
100 g körniger Frischkäse (Hüttenkäse)
10 Radieschen
etwas Kräutersalz oder normales Salz
1 EL Schnittlauchröllchen

Diese Küchengeräte sollten nicht fehlen:
2 kleine Teller
1 Messer, 1 Teelöffel
1 Reibe
1 kleine Schüssel
1 Esslöffel

1. Leg zuerst eine Scheibe Brot auf jeden Teller und bestreich sie mit Butter oder Margarine.

2. Nun gib die Hälfte des körnigen Frischkäses aus der Packung in die Schüssel. Wenn es ein bisschen mehr ist, macht's auch nichts.

3. Such dir zehn schöne Radieschen aus einem Bund heraus, danach schneid die Blätter und die dünnen Wurzeln ab. Wasch die Radieschen und raspel sie auf der Reibe nicht zu fein. Hierbei musst du auf deine Fingerknöchel achten, denn die Reibe ist sehr scharf. Iss die Radieschenreste lieber auf, bevor du dir weh tust.

4. Streu nun noch ein wenig Kräutersalz oder normales Salz über die Radieschen, misch alles mit dem Frischkäse und bestreich damit die beiden Brotscheiben. Zum Schluss streust du den Schnittlauch darüber. Dazu musst du die Halme erst unter fließendem Wasser waschen, abtropfen lassen und dann in kleine Stücke schneiden. Du wirst sehen, es sind kleine Röllchen, da sie innen hohl sind.

Buntes Sandwich mit kaltem Braten

Für 2 Morgenmuffel

Das sind die Zutaten:
2 Scheiben Vollkorn-
toastbrot
2 EL Remouladensauce
oder Mayonnaise
4 Scheiben kalter
Bratenaufschnitt
1 Tomate
½ Zwiebel
1 hart gekochtes Ei
1 Radieschen
1 EL Schnittlauch-
röllchen

Diese Küchengeräte sollten nicht fehlen:
1 Toaster, 2 kleine Teller
1 Esslöffel
1 kleines Küchenmesser
1 Schneidbrett
1 Eierschneider

1. Weil es besser schmeckt, toastest du die beiden Brotscheiben und legst sie dann auf die beiden Teller.

2. Die Remouladensauce oder die Mayonnaise auf die Brote streichen. Die Bratenscheiben klappst du einmal zusammen und legst sie einander überlappend auf die Toastscheiben.

3. Die Tomate musst du kurz mit kaltem Wasser waschen, dann mit dem Messer den grünen Stielansatz entfernen und die Tomate in Scheiben schneiden. Die geschälte halbe Zwiebel ebenfalls in Scheiben schneiden. Beides auf die Brote legen.

4. Wie beim Eibrot (siehe Seite 21) musst du das Ei schälen und mit dem Eierschneider in Scheiben schneiden. Von dem gewaschenen Radieschen entfernst du die Blattstiele und die dünne Wurzel. Anschließend kannst du das rote Radieschen in Scheiben schneiden.

5. Nun brauchst du nur noch die Ei- und Radieschenscheiben auf die Brote zu legen und alles mit etwas Schnittlauch zu bestreuen (siehe Seite 22). Fertig ist das tolle Sandwich!

Schinken-Käse-Brot

Für 2 Morgenmuffel

Das sind die Zutaten:
2 Scheiben Bauernbrot
2 TL Butter oder Margarine
4 dünne Scheiben Bier- oder Weinkäse
2 große Radieschen
4 dünne Scheiben Räucherschinken
2 kleine Gewürzgurken
etwas Pfeffer aus der Mühle

Diese Küchengeräte sollten nicht fehlen:
2 kleine Teller
1 Teelöffel
1 Messer
1 kleines Küchenmesser
1 Schneidbrett
1 Reibe

1. Auf jeden Teller legst du eine Scheibe Bauernbrot und bestreichst sie mit Butter oder Margarine. Dann gibst du die Käsescheiben darauf.

2. Von den Radieschen musst du die Blattstiele und die dünnen Wurzeln wegschneiden, die Radieschen waschen und nicht zu fein mit der Reibe direkt auf die Käsebrote raspeln.

3. Die Schinkenscheiben rollst du auf und legst sie auf die Brote.

4. Damit es richtig schön aussieht, schneidest du die Gürkchen zu einem Fächer. Das geht so: Halt die Gurke an einem Ende fest und schneid vorsichtig mit dem kleinen Messer dünne Scheiben. Dort, wo du die Gurke fest hältst, werden die Scheiben nicht durchgeschnitten. Drück nun mit den Fingern die Gurkenscheiben zu einem Fächer. So einfach ist das!

5. Zum Schluss schnell noch einige Umdrehungen aus der Pfeffermühle über die würzigen Feinschmeckerbrote – und fertig!

Schinkenbrezeln mit Möhren

Für 2 Morgenmuffel

Das sind die Zutaten:
2 Laugenbrezeln
2 TL Butter oder Margarine
2 Scheiben gekochter Schinken
1 große Möhre
1 Apfel
1 EL Zitronensaft
1 EL süße Sahne
1 TL Honig
2 EL Schnittlauchröllchen

Diese Küchengeräte sollten nicht fehlen:
2 große Teller
1 Messer
1 Esslöffel
1 Teelöffel
1 kleines Küchenmesser
1 Reibe
1 kleine Schüssel
1 Zitruspresse

1. Die beiden Brezeln musst du mit dem Messer halbieren und jeweils die Unterseite mit Butter oder Margarine bestreichen.

2. Auf jede Unterseite der Brezeln legst du eine Scheibe Schinken und deckst die Oberseite darüber.

3. Anschließend musst du die Möhre und den Apfel schälen. Beides raspelst du nun nicht zu fein in die Schüssel. Gib Acht, dass du dich an den scharfen Reibeflächen nicht verletzt.

4. Drück etwas Saft von einer halben Zitrone mit der Zitruspresse aus, miss einen Esslöffel ab und gib ihn über die Apfel-Möhren. Jetzt misch noch die Sahne sowie den Honig darunter und verteil die Rohkost neben die Brezeln.

5. Weil es schön aussieht, gut schmeckt und gesund ist, kannst du zum Schluss noch ein paar Schnittlauchröllchen über die Möhren streuen. Weißt du, wie man am besten aus Schnittlauchhalmen Röllchen schneidet? Mit der Küchenschere!

Gefüllte Hörnchen mit Kräuterquark

Für 4 Morgenmuffel

Diese Küchengeräte sollten nicht fehlen:
1 mittelgroße Schüssel
1 Schneebesen
1 Schneidbrett
1 Küchenmesser
1 Esslöffel, 1 Schälchen
1 Teigroller
1 Küchenpinsel
1 Backblech, 4 Teller

1. Den Quark schüttest du in die kleine Schüssel, gibst einen oder zwei Esslöffel Milch dazu und rührst alles mit dem Schneebesen gut durch. Falls der Quark zu fest ist, kannst du noch etwas Milch hinzufügen.

2. Deine Lieblingskräuter – ungefähr eine Tasse voll – musst du unter fließendem Wasser waschen, gut abtropfen lassen und dann auf dem Brett fein schneiden. Misch die Kräuter unter den Quark und würz alles mit ein wenig Kräutersalz.

3. Bis die Hörnchen gebacken sind, kannst du den Kräuterquark in den Kühlschrank stellen.

4. Den Blätterteig für die Hörnchen legst du zum Auftauen erst einmal nebeneinander auf deinen Arbeitstisch. Nach 10 bis 15 Minuten sind die Teigplatten weich, sodass du sie ausrollen kannst. Inzwischen solltest du schon einmal den Backofen auf 200 Grad (Gas: Stufe 3) vorheizen.

5. Damit der Teig nicht auf dem Tisch und am Teigroller kleben bleibt, musst du beides mit etwas Mehl bestäuben.

6. Roll zunächst eine Teigplatte mit dem Teigroller doppelt so groß aus und schneid sie diagonal einmal durch, sodass zwei spitze Dreiecke vor dir liegen.

Das sind die Zutaten:
**250 g Quark (20 % Fett)
etwas Milch
1 Tasse Kräuter wie Schnittlauch, Petersilie und Dill
etwas Kräutersalz oder normales Salz
4 Scheiben TK-Blätterteig
etwa 2 EL Mehl
2 dünne Scheiben gekochter Schinken
2 Scheiben Emmentaler
etwas Milch**

7. Den gekochten Schinken und die Käsescheiben schneidest du jeweils in acht gleich große Streifen.

8. Bestreich die beiden Teigdreiecke mit etwas Milch und leg ein Stück Schinken und ein Stück Käse darauf. Beides darf aber nicht größer als das Dreieck sein. Nun kannst du jedes Teigstück von der breiten Seite her aufrollen und zu einem Hörnchen biegen, das du dann gefüllt auf das ungefettete Backblech legst.

9. Roll nacheinander die anderen drei Teigplatten aus und behandle sie, wie gerade eben beschrieben.

10. Vor dem Backen werden die Hörnchen noch mit etwas Milch bestrichen, damit sie nachher schön glänzen.

11. Schieb das Backblech in die zweite Einschubleiste von unten in den vorgeheizten Backofen und back die Hörnchen 10 bis 15 Minuten, bis sie goldgelb sind.

12. Sobald die gebackenen Hörnchen etwas abgekühlt sind, kannst du sie mit dem Kräuterquark servieren. Dazu schmeckt Karottensaft.

Spiegeleier auf Tomaten

Für 2 Morgenmuffel

Das sind die Zutaten:
2 mittelgroße Fleisch-
tomaten
1 EL feines Öl (z. B. Sonnenblumenöl, Olivenöl, Distelöl)
oder Butter oder Margarine
2 große Eier
Salz
etwas Pfeffer aus der Mühle
2 EL Petersilie

Diese Küchengeräte sollten nicht fehlen:
1 kleines Küchenmesser
1 Schneidbrett
1 mittelgroße Bratpfanne
1 Esslöffel
1 Gabel
1 großer Teller
1 Pfannenwender
2 kleine Teller

1. Von den gewaschenen Tomaten musst du zuerst den grünen Stielansatz herausschneiden, weil er bitter schmeckt. Anschließend schneidest du die Tomaten in nicht zu dünne Scheiben.

2. Das Fett deiner Wahl erhitzt du in der Bratpfanne und legst einzeln mit einer Gabel, damit du dir die Finger nicht verbrennst, die Tomatenscheiben hinein. Stell die Hitze auf eine mittlere Temperatur ein.

3. Lass die Tomatenscheiben 3 Minuten schmoren, dann schlag die Eier einzeln am Pfannenrand in der Mitte auf und lass sie über die Tomaten gleiten. Damit es besser schmeckt, streu etwas Salz und Pfeffer darüber und lass die Eier so lange braten, bis das Eiweiß fest, aber das Eigelb noch halb flüssig ist.

4. Jetzt gibst du die fein geschnittene Petersilie darüber und lässt die Tomaten mit den Spiegeleiern auf einen großen Teller rutschen.

5. Mit einem Pfannenwender kannst du das Eiweiß in der Mitte teilen und die Tomateneier auf zwei kleineren Tellern anrichten.
Dazu schmecken knusprige Roggenbrötchen und würziger Gemüsesaft.

Schinkenrührei mit Kresse

Für 2 Morgenmuffel

Das sind die Zutaten:
3 Eier
3 EL süße Sahne oder Milch
2 Prisen Salz
etwas Pfeffer aus der Mühle
3 Scheiben Lachsschinken
2 EL Butter oder Margarine
1 Kästchen Kresse

Diese Küchengeräte sollten nicht fehlen:
1 mittelgroße Schüssel
1 Esslöffel, 1 Gabel
1 Küchenschere
oder 1 Küchenmesser
1 mittelgroße Bratpfanne
2 große Teller

1. Zuerst musst du die Eier am Schüsselrand in der Mitte aufschlagen und Eiweiß und Eigelb in die Schüssel gleiten lassen. Weil auch unter frischen Eiern mal ein schlechtes sein kann, empfiehlt es sich, jedes Ei einzeln in eine Tasse aufzuschlagen. Sollte ein Ei tatsächlich schlecht sein, wirst du das riechen, weil es nämlich stinkt.

2. Die aufgeschlagenen Eier musst du mit der süßen Sahne oder der Milch verrühren. Anschließend würzt du die Eier mit zwei Prisen Salz (siehe Seite 19) und einigen Umdrehungen aus der Pfeffermühle.

3. Von dem Lachsschinken entfernst du die Fettränder und schneidest mit der Küchenschere oder einem Küchenmesser den Schinken in dünne Streifen – und zwar direkt in die Eimasse.

4. Das Fett erhitzt du in der Bratpfanne und gießt dann die Eier-Schinken-Masse dazu. Damit das Ei nicht verbrennt, verringerst du die Hitze.

5. Bleib bei der Pfanne stehen. Sobald sich das Ei am Pfannenboden verdickt hat, rührst du langsam mit der Gabel die Masse um, sodass das flüssige Ei nach unten kommt. Es ist in 2 bis 3 Minuten fertig.

6. Die Kresse hast du inzwischen unter fließendem Wasser abgespült und nun schneidest du die abgetropften Blättchen mit der Küchenschere ins heiße Rührei. Noch einmal alles umrühren und sofort auf die beiden Teller verteilen.

Dazu isst man knusprige Brötchen oder Toastbrot.

Wenn der kleine Hunger kommt: in der Pause und zwischendurch

Kennst du das auch? Die Lehrerin steht vor der Klasse und fragt nach der Hauptstadt von Italien. Plötzlich knurrt dein Magen, er verlangt etwas zu essen. Du träumst von Italien und denkst an seine Hauptstadt Rom und an ein Stück Pizza – knusprig, heiß und lecker. Am Nachmittag, nach den Hausaufgaben, wirst du zusammen mit Alfred für dich und deine Freunde ein großes Blech mit dampfender Pizza backen. Jetzt gleich, in der Pause, genießt du erst einmal die mit Schinkencreme und Salat gefüllte Teigtasche oder die fruchtig-herben Spießchen mit Obst und mildem Käse.

Käse-Obst-Spieße

Für 2 Pausenclowns

Das sind die Zutaten:
1 große, dicke Scheibe Vollkornbrot
1 TL Butter oder Margarine
½ Banane, 1 Kiwi
1 kleiner Apfel
1 kleine Orange
1 dicke Scheibe Butterkäse (ca. 60 g)
1–2 EL flüssiger Honig
1 EL gehackte Pistazien
1 EL Sesam
einige Salatblätter

Diese Küchengeräte sollten nicht fehlen:
1 Schneidbrett
1 Messer
1 Küchenmesser
1 Teelöffel, 1 Esslöffel
1 großer Teller
3 Untertassen
1 Küchenpinsel
2 lange oder 6 kurze Holzspieße

1. Die dicke Brotscheibe bestreichst du zuerst mit Butter oder Margarine, dann schneidest du aus der Scheibe kleine Würfel. Gib Acht: Machst du die Würfel zu groß, passen sie nicht in deinen Mund; sind sie zu klein, dann fallen sie vom Holzspieß. Wenn sie so groß wie eine Kirsche sind, ist es genau richtig.

2. Die geschälte Banane halbierst du der Länge nach und schneidest diese Stücke dann so groß wie die Brotwürfel.

3. Die Kiwi, den Apfel und die Apfelsine musst du schälen. Teil dann die Früchte in vier Teile und diese wiederum in Würfel, die etwa so groß sein sollen wie die Brot- und Bananenwürfel.

4. Nun musst du nur noch den Käse – ohne Rinde – würfeln. Dann kannst du alle Würfel abwechselnd auf die großen oder kleinen Spieße stecken. Das sieht doch schon ganz köstlich aus, nicht wahr?

5. Leg nun die Spieße auf den großen Teller und gib jeweils auf eine Untertasse den Honig, die Pistazien und den Sesam. Zuerst dippst du mit dem Küchenpinsel in den Honig und bestreichst damit die Spieße rundherum, dann bestreust du sie mit einigen gehackten Pistazien und mit dem Sesam.

Du möchtest die Spieße in der Schulpause essen? Dann gib einige Salatblätter in deine Brotbox und leg die Spieße obendrauf.

Bunte Brotspieße

Für 2 Pausenclowns

Das sind die Zutaten:
2 Scheiben Vollkornbrot
1 gehäufter EL Doppelrahmfrischkäse mit Kräutern
1 dicke Scheibe Gouda oder Emmentaler (ca. 50 g)
3 Radieschen
3 dicke Scheiben Gurke

Diese Küchengeräte sollten nicht fehlen:
1 Schneidbrett
1 Messer
1 Esslöffel
4–6 kleine Holzspieße

1. Leg eine Scheibe Brot auf das Schneidbrett und streich den Käse darauf. Dann deckst du die andere Scheibe Brot darüber und schneidest den Doppeldecker in Würfel – etwa so groß wie eine Kirsche.

2. Den Käse schneidest du – ohne Rinde – ebenfalls in Würfel, die so groß sind wie die Brotwürfel. Von den Radieschen musst du die Blattstiele und die Wurzeln wegschneiden, von der Gurke entfernst du die dunkelgrüne Schale.

3. Schneid nun die Radieschen in dicke Scheiben und die Gurke in Würfel. Jetzt steck alle Würfel und Scheiben abwechselnd auf die Spieße. Fertig sind die kunterbunten Brotspieße für die große Pause.

Bananenbrötchen

Für 2 Pausenclowns

Das sind die Zutaten:
2 Mohnbrötchen
2 mittelgroße Bananen
2 EL Magerquark
1 TL Honig
1 EL Zitronensaft
1 EL Rosinen
1 EL Leinsamen
1 EL gehackte Pistazien

Diese Küchengeräte sollten nicht fehlen:
1 Brotmesser
1 mittelgroße Schüssel
1 Gabel
1 kleiner Teller
1 Esslöffel
1 Teelöffel
1 Zitruspresse

1. Mit dem Brotmesser schneidest du nun zuerst die beiden Mohnbrötchen auf. Dann holst du mit den Fingern das Innere aus den Brötchen und legst es in die Schüssel.

2. Jetzt musst du die Bananen schälen. Schneid von einer Banane ein Stück ab, das so lang ist wie die Brötchen. Dieses Stück musst du noch einmal der Länge nach halbieren. Die ganze und das andere Stück Banane zerdrückst du auf einem Teller mit der Gabel zu Mus und legst es zu dem weichen Brot in die Schüssel.

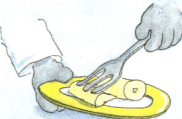

3. Jetzt gibst du den Magerquark und den Honig in die Schüssel und verrührst alles.

4. Von einer halben Zitrone drückst du mit der Zitronenpresse etwas Saft aus, misst einen Esslöffel davon ab und schüttest den Saft zum Quark. Nun streu die Rosinen und, bis auf einen kleinen Rest, die Leinsamen und die gehackten Pistazien darüber und rühr die Creme noch einmal um.

5. Dann füllst du die Bananencreme in die beiden unteren Hälften der ausgehöhlten Brötchen, legst ein Stück Banane darauf, streust die restlichen Leinsamen sowie Pistazien darüber und setzt die andere Brötchenhälfte darauf.

Wenn du die gefüllten Bananenbrötchen in etwas Butterbrotpapier wickelst, hast du in der Pause etwas Feines zu essen.

Sechs-korn-burger

Für 2 Pausenclowns

Das sind die Zutaten:
125 g Tatar
1 Eigelb, 1 TL Senf
3 Msp. Salz
2–3 EL Semmelbrösel
1 EL Öl
2 Sechskornbrötchen
2 EL Ketschup oder Mayonnaise
4 kleine Salatblätter
1 Scheibe Tilsiter
1 Tomate
1 Stück Salatgurke

Diese Küchengeräte sollten nicht fehlen:
1 mittelgroße Schüssel
1 Teelöffel
1 Gabel
1 Messer
1 kleine Bratpfanne
1 Pfannenwender
1 Brotmesser
1 Schneidbrett

1. Zuerst legst du das Tatar in die Schüssel, dann schlägst du am Schüsselrand das Ei auf (das Eiweiß wird nicht gebraucht) und kippst das Eigelb über das Hackfleisch. Nun würzt du das Hackfleisch mit Senf und Salz. Misch alles mit der Gabel und füg so viel Semmelbrösel hinzu, dass sich die Masse gut formen lässt.

2. Mit feuchten Händen formst du aus dem gewürzten Tatar zwei handtellergroße Burger. Jetzt erhitz das Öl in der Pfanne und brat die Burger auf jeder Seite 3 Minuten.

3. Nun schneidest du die beiden Brötchen auf und bestreichst jede Unterseite mit etwas Ketschup und Mayonnaise, darauf legst du je ein Salatblatt, den gebratenen Burger und eine halbe Scheibe Tilsiter.

4. Von der gewaschenen Tomate schneidest du den bitteren grünen Stielansatz heraus. Das Stück Gurke ebenfalls unter kaltem Wasser abspülen. Nun kannst du sowohl die Tomate als auch die Gurke in Scheiben schneiden.

5. Die beiden letzten Salatblätter legst du auf den Käse und darüber die Tomaten- und Gurkenscheiben. Zum Schluss setzt

du die oberen Brötchenhälften darauf.
Wickle deinen tollen Hamburger in Butterbrotpapier oder benutze eine Frühstücksbox.

Gefüllte Brottaschen

Für 2 Pausenclowns

Das sind die Zutaten:
1 kleines Fladenbrot (250 g)
4 Salatblätter
125 g Quark (20 % Fett)
100 g gekochter Schinken
4 Datteln
½ Kästchen Kresse
8 Scheiben Salatgurke

Diese Küchengeräte sollten nicht fehlen:
1 Brotmesser
1 mittelgroße Schüssel
1 Küchenschere
1 Gabel
1 kleines Küchenmesser
1 Schneidbrett

1. Das kleine Fladenbrot schneidest du einmal in der Mitte von oben nach unten durch. Damit das Brot richtig gefüllt werden kann, höhlst du es aus, sodass eine große Tasche entsteht. In jede Tasche steckst du zwei gewaschene Salatblätter.

2. Den Quark gibst du in eine Schüssel. Den gekochten Schinken schneidest du mit der Küchenschere in schmale Streifen. Diese musst du dann in Würfel schneiden. Misch die Schinkenwürfel mit dem Quark.

3. Jetzt schneidest du die Datteln rundherum auf, entfernst die länglichen Kerne und schneidest sie fein. Dann gibst du sie in die Quarkschüssel.

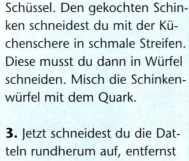

4. Nun musst du die Kresse kurz unter kaltem Wasser abspülen, abtropfen lassen und mit der Küchenschere die Hälfte der zartgrünen Blättchen zum Quark schneiden. Mit der Gabel rührst du den Quark noch einmal um.

5. Jetzt nimm eine Brottasche in die linke Hand, sodass die Öffnung nach oben zeigt. Zwischen die Salatblätter füllst du mit der rechten Hand die Hälfte der Quarkcreme, legst das Fladenbrot auf das Schneidbrett und steckst die halbierten Gurkenscheiben zwischen Füllung und Salatblätter. Die andere Teigtasche füllst du auf die gleiche Weise.

Wurst-salat-Brötchen

Für 2 Pausenclowns

Das sind die Zutaten:
125 g Fleischwurst
4 dünne Scheiben Emmentaler
3 leicht gehäufte EL Salatmayonnaise
1 EL Essig
1 kleine Gewürzgurke
½ Zwiebel
2 EL Schnittlauchröllchen
2 Salatblätter
2 Sandwichbrötchen

Diese Küchengeräte sollten nicht fehlen:
1 Küchenmesser
1 Schneidbrett
1 mittelgroße Schüssel
1 Reibe
1 Esslöffel
1 Brotmesser

1. Von der Fleischwurst musst du zuerst die Haut abziehen, und wenn du sehr hungrig bist, kannst du dir schon mal ein kleines Stück Wurst genehmigen. Lecker, stimmt's?

2. Die restliche Fleischwurst schneidest du in dünne Scheiben und diese wiederum in dünne Streifen. Von dem Emmentaler entfernst du die Rinde und schneidest die Käsescheiben ebenfalls in dünne Streifen.

3. Die Mayonnaise verrührst du mit dem Essig in der Schüssel. Die Gurke raspelst du mittelfein zur Mayonnaise. Nun gib die Wurst- und Käsestreifen in die Schüssel.

4. Jetzt musst du nur noch die halbe Zwiebel schälen und auf dem Schneidbrett fein schneiden. Die Zwiebelwürfel und die Schnittlauchröllchen streust du über die Wurst- und Käsestreifen. Nun kannst du alles mit einem Löffel umrühren und probieren. Na, schmeckt's?

5. Wasch die Salatblätter kurz unter kaltem Wasser ab, und lass sie abtropfen. Dann schneidest du die beiden Brötchen zweimal durch. Auf die unteren Teile legst du je ein Salatblatt, darauf gibst du etwas Wurstsalat. Leg die mittlere Brötchenscheibe darüber und gib den restlichen Salat darauf. Deck dann die andere Brötchenhälfte darüber.

Liptauerschiffchen

Für 4 Pausenclowns

Das sind die Zutaten:
2 kleine grüne oder rote Paprikaschoten
250 g Magerquark
125 g weiche Butter
1 EL saure Sahne
1 kleine Zwiebel
1 kleine Gewürzgurke
1 TL Paprikapulver
1 TL grobkörniger Senf
1 TL kleine Kapern
½ TL Kümmel, 3 Msp. Salz
etwas Pfeffer

Diese Küchengeräte sollten nicht fehlen:
1 Küchenmesser
1 Schneidbrett
1 mittelgroße Schüssel
1 Reibe
1 Teelöffel
1 kleiner Schneebesen
1 kleiner Teller
etwas Klarsichtfolie
1 Brotmesser

1. Um die Paprikaschoten zu füllen, musst du oben am Stiel den Deckel abschneiden und mit dem Messer vorsichtig innen die weißen Stege und die Kerne entfernen. Die Paprikaschoten musst du innen und außen unter kaltem Wasser waschen und mit der Öffnung nach unten abtropfen lassen.

2. Die essbaren Teile der Paprikadeckel schneidest du so klein wie möglich.

3. Für die Creme gibst du den Quark, die weiche Butter oder Margarine sowie die saure Sahne in die Schüssel und verrührst alles kräftig mit dem Schneebesen.

4. Die geschälte Zwiebel und die Gewürzgurke raspelst du zur Creme und fügst die Paprikawürfelchen, das Paprikapulver, den Senf, die kleinen Kapern (große Kapern mit dem Messer fein schneiden), Kümmel, Salz und Pfeffer hinzu.

5. Die Creme mit einem Löffel umrühren und in die Paprikaschoten füllen. Falls die Paprikaschoten sehr groß sind, reicht die Creme nur für eine Schote. Leg die gefüllten Paprikaschoten auf den kleinen Teller, deck sie mit etwas Klarsichtfolie zu und stell das Ganze mindestens 3 Stunden in den Kühlschrank. Danach schneidest du die Paprikaschoten mit einem Brotmesser in vier Teile.

Tomaten mit Mozzarella

Für 2 Pausenclowns

Das sind die Zutaten:
2 mittelgroße Fleischtomaten
1 Kugel Mozzarella
etwas Salz
etwas Pfeffer aus der Mühle
4 große Blätter Basilikum
1 TL feines Olivenöl

Diese Küchengeräte sollten nicht fehlen:
2 kleine Teller
1 Tomatenmesser
1 Schneidbrett
1 Messer
1 Stück Küchenpapier
1 Küchenschere
1 Teelöffel

1. Von den beiden gewaschenen Tomaten musst du zuerst die bitteren grünen Stielansätze wegschneiden. Dann schneidest du die Tomaten in dünne Scheiben. Diese halbierst du.

2. Den weißen, kugeligen Mozzarella kannst du lose oder im Beutel kaufen. Leg ihn auf das Schneidbrett und schneid von der Kugel dünne Scheiben ab. Auch diese halbierst du.

3. Nun legst du abwechselnd die Tomaten- und Mozzarellascheiben auf die Teller und streust etwas Salz und Pfeffer darüber.

4. Die duftenden Basilikumblätter reibst du mit dem Küchenpapier ab und schneidest sie mit der Küchenschere in Streifen, direkt über die Tomaten- und Mozzarellascheiben. Zum Schluss träufelst du etwas Olivenöl über das erfrischende Gericht aus Italien.

Tzatziki mit Gurke

Für 2 Pausenclowns

Das sind die Zutaten:
125 g Quark (20 % Fett)
3 EL Jogurt
2 EL Dill
1 Knoblauchzehe
3 Msp. Salz
etwas Pfeffer aus der Mühle
½ Salatgurke

HALLO!
ICH GLAUBE, HIER HAT JEMAND KNOBLAUCH GEGESSEN!

Diese Küchengeräte sollten nicht fehlen:
1 mittelgroße Schüssel
1 Esslöffel
1 Küchenmesser
1 Knoblauchpresse
1 Schneidbrett

1. Tzatziki ist eine würzige Quark-Jogurt-Speise. Zuerst gibst du den Quark und den Jogurt in die Schüssel und fügst den Dill hinzu. Dafür kannst du tief gefrorenen oder frischen Dill verwenden. Frischen musst du zuerst unter kaltem Wasser abspülen, trocken schütteln und mit einem Messer oder einer Küchenschere klein schneiden.

2. Nun schälst du die Knoblauchzehe und drückst sie durch die Presse (oder schneidest sie auf dem Brett recht fein). Misch sie mit Salz und Pfeffer unter die Quark-Jogurt-Creme.

3. Von der Salatgurke entfernst du die Schale und schneidest die Gurke in fingerlange und fingerdicke Stifte, die du dann in den Tzatziki tauchen kannst.

Denkst du daran, nach dem Kochen die Küche aufzuräumen und das Geschirr zu spülen? Das gehört nämlich auch zum Kochen.

WENN ES UMS GESCHIRRSPÜLEN GEHT, HABEN PLÖTZLICH ALLE WAS WICHTIGERES ZU TUN!

Gefüllte Tomaten

Für 4 Pausenclowns

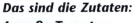

Das sind die Zutaten:
4 große Tomaten
2 EL Salatmayonnaise
2 EL Jogurt
1 TL Senf oder Meerrettich
2 EL Kräuter wie Petersilie, Schnittlauch und Dill
2 Scheiben gekochter Schinken
2 EL Maiskörner aus dem Glas
2 EL Erbsen aus dem Glas

Diese Küchengeräte sollten nicht fehlen:
1 Tomatenmesser oder
1 Küchenmesser
1 Teelöffel, 1 großer Teller
1 mittelgroße Schüssel
1 Esslöffel
1 Küchenschere

1. Von den gewaschenen Tomaten schneidest du einen Deckel ab und höhlst mit dem Teelöffel die Tomaten aus. Dann stellst du sie auf den großen Teller.

2. Für die Füllung verrührst du in der Schüssel die Salatmayonnaise mit dem Jogurt und dem Senf oder dem Meerrettich. Dann rührst du die klein geschnittenen Kräuter darunter. Du kannst tief gekühlte Kräuter verwenden oder deine gewaschenen frischen Lieblingskräuter auf dem Schneidbrett mit einem Messer fein schneiden.

3. Den gekochten Schinken schneidest du mit der Küchenschere in schmale Streifen und dann in kleine Würfel.

4. Misch die Schinkenwürfel mit den Maiskörnern und den Erbsen unter die Creme und füll damit die ausgehöhlten Tomaten. Leg die abgeschnittenen Tomatendeckel daneben oder auf die gefüllten Tomaten.

Pizza

Für 4 Pausenclowns

Das sind die Zutaten:
1 P. Fix-Teig für Pizza und Gemüsekuchen
etwas Mehl zum Ausrollen

Diese Küchengeräte sollten nicht fehlen:
1 große Schüssel
1 Messbecher
1 elektrischer Küchenquirl
1 Geschirrtuch
1 Teigroller, 1 Backblech
Backpapier
1 Küchenschere
1 engmaschiges Sieb
1 Esslöffel, 1 Schneidbrett
1 Messer
2 Topflappen
4 kleine Teller

1. Zuerst liest du die Anleitung auf der Rückseite der Fix-Teig-Packung. Alles klar? Nach dieser Anleitung mischst du in der Schüssel das Pizzateigpulver mit dem abgemessenen Wasser. Das geht am besten mit dem elektrischen Küchenquirl.

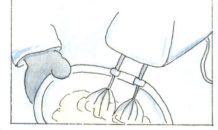

2. Jetzt brauchst du etwas Kraft: Der Pizzateig muss mit beiden Händen kräftig geknetet und durchgewalkt werden. Nach Lust und Laune kannst du dir dafür ruhig 10 Minuten oder länger Zeit nehmen. Lass doch auch mal deine kleine Schwester oder deinen Bruder zwischendurch kneten.

3. Wenn der Teig an deinen Händen klebt, stäub etwas Mehl darüber und knete ruhig noch ein bisschen weiter. Form nun aus dem Teig eine schöne runde Kugel und leg sie zurück in die Schüssel. Damit der Pizzateig ruhen und aufgehen kann, legst du am besten ein sauberes Geschirrtuch über die Schüssel.

4. Nach etwa 30 Minuten kannst du vorsichtig unter das Geschirrtuch schauen. Ist der Pizzateig schön dick aufgegangen?

5. Jetzt musst du die dicke Teigkugel so groß ausrollen, dass der Teig auf das Backblech passt. Leg das Backblech mit Backpapier aus, setz den Teig in die Blechmitte und roll ihn mit dem Teigroller in alle Richtungen dünn aus. Dabei hilft am besten jemand und hält das Backblech fest, damit es während des Ausrollens nicht auf dem Tisch hin- und hertanzt.

FESTHALTEN, KARLCHEN!

Belag:
4 P. Tomatensauce mit Stückchen
100 g Mailänder Salami in dünnen Scheiben
100 g grüne Oliven ohne Stein
500 g Mozzarella
1 EL getrockneter Oregano
etwas Pfeffer aus der Mühle
4–6 EL Olivenöl

6. Wenn du den Teig schön dünn auf dem Backblech ausgerollt hast, kannst du ihn belegen: Mit der Schere öffnest du die Tomatenpackungen und schüttest den Inhalt in das Sieb. Dabei läuft viel Tomatensaft fort, der den Pizzaboden durchweichen würde. Die abgetropften Tomatenstückchen streichst du gleichmäßig mit einem Esslöffel auf den Pizzaboden.

7. Nun kannst du schon einmal den Backofen auf etwa 200 Grad (Gas: Stufe 3) vorheizen.

8. Weil sie beim Essen stört, entfernst du die Haut (falls vorhanden) von den Salamischeiben und legst die Wurst auf die Tomatenstückchen. Nun die Oliven darüberstreuen oder ein anderes Gemüse deiner Wahl.

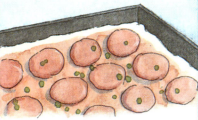

9. Jetzt musst du den Mozzarella aus der Packung holen. Schneid eine Seite der Tüte mit der Schere auf, lass die Flüssigkeit herauslaufen und schneid die weißen Käsekugeln auf dem Holzbrett in dünne Scheiben. Diese Scheiben legst du dicht an dicht auf die Salami.

10. Findest du nicht auch, dass die Pizza immer schöner wird? Zum Schluss streust du etwas Oregano und scharfen Pfeffer über den Mozzarella und träufelst Olivenöl darüber.

11. Und nun ab damit in den heißen Ofen, und zwar auf die unterste Einschubleiste. Nach 30 Minuten schaust du dir deine Pizza an. Ist der Boden mittelbraun und knusprig und der Mozzarella gut verlaufen, dann stellst du den Ofen aus und wartest noch 5 Minuten.

12. Jetzt ist es soweit: Mit zwei Topflappen holst du das heiße Backblech aus dem Ofen und stellst es auf das bereitgestellte Holzbrett. Schneid die duftende Pizza mit einem Messer in Quadrate oder Streifen. Na, schmeckt's?

Nussdip mit Früchten

Für 2 Pausenclowns

Das sind die Zutaten:
100 g körniger Frischkäse (Hüttenkäse)
100 g saure Sahne
1 kleine Orange
1 EL gehackte Pistazien
1 EL gehackte Haselnüsse
1 EL Zitronensaft
1 EL flüssiger Honig
1 Apfel
1 Birne

Diese Küchengeräte sollten nicht fehlen:
1 mittelgroße Schüssel
1 Küchenmesser
1 Schneidbrett
1 Esslöffel
1 Zitruspresse
1 kleiner Teller
2 Holzspieße oder
2 Teelöffel

1. Für den gesunden Imbiss mischst du zuerst den körnigen Frischkäse und die saure Sahne in der Schüssel.

2. Nun kannst du die Orange schälen und in Würfel schneiden. Diese rührst du mit den gehackten Pistazien und Haselnüssen unter die Creme.

3. Von einer halben Zitrone drückst du auf der Zitruspresse etwas Saft aus und schüttest einen Esslöffel zur Creme. Nun gib den Honig dazu und verrühr alles noch einmal.

4. Den Apfel und die Birne schälst du mit dem Messer, teilst das Obst in vier Teile, entfernst das ungenießbare Kerngehäuse und würfelst die Früchte.

5. Wenn du die Obstwürfel auf dem Teller angerichtet hast, spießt du sie mit einem Holzspieß auf und tauchst sie in die Frischkäsecreme. Du kannst die Obstwürfel und den Nussdip natürlich auch mit einem Löffel essen.

Heißes Brokkoli-baguette

Für 2 Pausenclowns

Das sind die Zutaten:
1 Baguettebrötchen
2 EL Butter oder Margarine
2 EL Schnittlauchröllchen
2 Msp. Knoblauchsalz
2 Msp. Paprikapulver
250 g gekochte Brokkoliröschen
4 EL geriebener Emmentaler

Diese Küchengeräte sollten nicht fehlen:
1 Brotmesser
1 Messer
1 Esslöffel
1 Backblech
Backpapier

1. Zuerst schneidest du das Baguettebrötchen einmal längs durch und bestreichst beide Hälften mit Butter oder Margarine. Dann streust du die Schnittlauchröllchen (siehe Seite 22), etwas Knoblauchsalz und etwas Paprikapulver darüber. Jede Brötchenhälfte schneidest du noch einmal durch. Nun hast du vier Brötchenteile vor dir liegen.

2. Heiz den Ofen auf 200 Grad (Gas: Stufe 3) vor.

3. Leg nun die Brötchen auf das mit Backpapier ausgelegte Backblech und verteil die gekochten Brokkoliröschen darauf. Falls du keine gekochten Brokkoliröschen (Reste vom Vortag) hast, musst du frische oder tief gekühlte Brokkoliröschen 7 Minuten in Wasser kochen, abgießen und abkühlen lassen.

4. Nun streust du den geriebenen Käse über die Brokkoliröschen. Dann schiebst du das Backblech auf die zweite Einschubleiste von unten in den heißen Backofen und backst das Brot 10 bis 12 Minuten. Iss diesen Snack am besten heiß oder lauwarm.
Das überbackene Baguette schmeckt auch mit Blumenkohl. Wer mag, gibt ein wenig Tomatenketschup über das Brot.

OHJE — IMMER DAS GLEICHE PROBLEM MIT DIESEM KETCHUP!

Schmetterlinge, Muscheln, Federn: Nudeln querbeet

Kennst du das Land, wo die Zitronen blüh'n, wo sich der Himmel so blau über einem wogenden Meer wölbt? Wo die Kinder (und natürlich auch die Erwachsenen) jeden Tag einen Teller mit dampfenden Nudeln essen dürfen? Irgendein findiger Mensch muss vor rund 2000 Jahren Mehl und Wasser kräftig geknetet, geformt und gekocht haben, darüber goss er etwas Olivenöl – und fertig war das erste Nudelgericht. Heute gelten die Italiener als die größten Nudelfans, und sie haben für ihre Pasta die allerschönsten Formen und Namen: So findest du in duftender Sauce Schmetterlinge und Muscheln sowie Spaghetti, Makkaroni, Tagliatelle, Tortellini und Lasagne. Alfred lädt dich zum megastarken Nudelfestival ein.

Spaghetti mit Tomatensauce

Für 2 Nudelfans

Das sind die Zutaten:
1 kleine Dose geschälte Tomaten
1 Zwiebel
1 Knoblauchzehe
2 EL Olivenöl
3 Msp. Salz
etwas Pfeffer aus der Mühle
1 Prise Zucker
250 g Spaghetti
3 l Wasser
1 EL Salz, 1 EL Butter
2–3 EL geriebener Parmesan

1. Zuerst kochst du die Tomatensauce. Nimm den Dosenöffner und schneid mit ihm den Deckel von der Dose ab. Das Öffnen von Dosen ist gar nicht so leicht, deshalb hilft dir dabei sicherlich ein größeres Kind.

2. Nun schälst du mit dem kleinen Messer die Zwiebel und die Knoblauchzehe. Die Zwiebel musst du halbieren und dann so fein wie möglich auf dem Schneidbrett schneiden. Die Knoblauchzehe drückst du durch die Presse dazu. Falls du keine Knoblauchpresse hast, schneidest du die Zehe ebenfalls klein.

3. Gieß das Olivenöl in den kleinen Topf, erhitz es und gib die Zwiebeln und den Knoblauch dazu. Die Hitze darf nicht zu groß und nicht zu klein sein. Nach ungefähr 3 Minuten sind die Zwiebelchen weich, und du kannst die Tomaten mit der Sauce aus der Dose dazugießen. Vorsicht, es spritzt ein bisschen.

4. Jetzt musst du die Tomaten mit dem elektrischen Pürierstab pürieren. Frag deine Mutter, ob sie eine Küchenmaschine mit Mixaufsatz hat oder einen einzelnen Schneidstab. Du musst Folgendes beachten: Steck das Schneidgerät in die Sauce, den Stecker in die Steckdose, und schalt das Gerät an. Nun beweg den Schneidstab langsam durch die Tomatensauce, ohne das drehende Gerät aus der Sauce zu heben. Sonst hast du nämlich ganz schnell viele Sommersprossen auf Nase und T-Shirt, und die Küchenwand wird sicherlich auch ein paar rote Sprenkel abbekommen. Das freut die Erwachsenen bestimmt nicht.

5. Wenn du die Sauce püriert hast, schaltest du das Schneidgerät aus, nimmst aber erst jetzt den Stab aus der Sauce und ziehst den Stecker aus der Steckdose. Halt das Schneidgerät kurz unter kaltes Wasser, damit die Tomatensauce nicht daran festklebt und du später viel Zeit aufwenden musst, um das praktische Küchengerät wieder ordentlich sauber zu machen.

6. Die Tomatensauce muss jetzt bei mittlerer Hitze 15 Minuten leicht kochen. Dabei legst du den Deckel auf den Topf. Nach 15 Minuten streust du Salz, Pfeffer und etwas Zucker in die Sauce, rührst noch einmal um und probierst mit dem Teelöffel. Vorsicht: Die Sauce ist sehr heiß! Schmeckt dir deine Tomatensauce oder fehlt noch etwas Salz oder Zucker? Dann füg es hinzu. Stell den Topf neben den Herd, am besten auf einen Untersetzer.

Diese Küchengeräte sollten nicht fehlen:
1 Dosenöffner
1 elektrischer Pürierstab
1 kleines Küchenmesser
1 Schneidbrett
1 Knoblauchpresse
1 mittelgroßer Topf mit Deckel
1 Teelöffel, 1 Gabel
1 großer Topf mit Deckel
1 Messbecher
1 Esslöffel
1 engmaschiges Sieb
2 Topflappen
1 Kochlöffel
2 Suppenteller

7. Bevor du die Spaghetti kochst, lies bitte auf der Packung nach, wie lange sie kochen müssen.

8. So, jetzt gießt du das Wasser in den großen Topf, gibst das Salz dazu, legst den Deckel darauf und bringst das Wasser zum Kochen.

9. Wenn das Wasser sprudelt und blubbert, steckst du vorsichtig die langen Spaghetti hinein. Die Nudelenden drückst du mit einem Löffel ins kochende Wasser. Halt, keinen Deckel obendrauf legen, weil Nudelwasser immer überkocht und den Herd verschmutzt. Damit die Nudeln nicht aneinander kleben, rührst du sie am besten gleich bei Kochbeginn mit dem Kochlöffel ein paar Mal um.

10. Lass die Nudeln je nach Packungsvorschrift 5 bis 10 Minuten kochen. Natürlich kannst du vorher schon einmal eine Nudel mit der Gabel aus dem sprudelnden Wasser ziehen und probieren. Ist sie im Innern noch sehr hart, müssen die Nudeln weiterkochen. Gib aber Acht, denn Spaghetti dürfen auch nicht zu weich werden.

11. Wenn die Nudeln gerade richtig al dente (bissfest) sind, machst du die Tomatensauce noch einmal heiß. Du kannst die Sauce auch zubereiten, während die Spaghetti kochen.

12. Nun stell das Sieb in den Ausguss, dann greif mit beiden Topflappen den Spaghettitopf an den Henkeln und kipp Wasser und Nudeln ins Sieb. Huui, das dampft!

13. Sobald die Nudeln ein bisschen abgetropft sind, gibst du sie zurück in den heißen Kochtopf und fügst die Butter hinzu. Einmal umrühren, fertig.

14. Jetzt endlich kannst du die Nudeln auf die beiden Teller verteilen, Tomatensauce darüber gießen und mit etwas Käse bestreuen.

Muscheln in Käse-Sauce

Für 2 Nudelfans

Das sind die Zutaten:
100 g Doppelrahm-Frischkäse
100 g süße Sahne
½ Bund Schnittlauch
4 große Basilikumblätter
4 Stengel Petersilie
3 Msp. Salz
etwas Pfeffer aus der Mühle
250 g große Muschelnudeln
3 l Wasser
1 EL Salz, 1 EL Butter
3 EL geriebenen Käse

Diese Küchengeräte sollten nicht fehlen:
1 kleiner Topf
1 Schneebesen
1 Küchenschere
1 Küchenmesser
1 großer Topf mit Deckel
1 Gabel, 1 Schneidbrett
1 Messbecher
1 Esslöffel
1 Kochlöffel
2 Topflappen
1 Sieb
2 Suppenteller

1. Für die Sauce mischst du zuerst in dem kleinen Topf den Doppelrahm-Frischkäse mit der Sahne. Bring beides langsam zum Kochen und rühr so lange mit dem Schneebesen, bis die Sauce schön glatt ist.

2. Nun wasch alle Kräuter und lass sie gut abtropfen. Den Schnittlauch und die Basilikumblätter schneidest du am besten mit der Küchenschere direkt in die Sauce. Die abgezupften Petersilienblättchen schneidest du mit dem Messer auf dem Schneidbrett. Misch die Kräuter mit der Sauce und würz sie mit Salz und Pfeffer. Dann stell sie beiseite, bis die Nudeln fertig sind.

3. Lies auf der Packung nach, wie lange die Nudeln gekocht werden müssen. Dann füll Wasser in den großen Topf, streu das Salz dazu, setz den Deckel auf den Topf und bring das Wasser zum Kochen.

4. Wenn das Wasser so richtig schön sprudelt, schüttest du die Muschelnudeln (Conchiglie sagen die Italiener dazu) ins Wasser und rührst sie um, damit sie nicht zusammenkleben. Dann lässt du sie 8 bis 10 Minuten kochen. Zwischendurch fischst du mit der Gabel eine Muschel aus dem Wasser und probierst, ob sie weich, aber noch bissfest ist.

5. Dann stell das Sieb in den Ausguss, fass mit beiden Topflappen den Nudeltopf und gieß den Inhalt ins Sieb. Lass die Nudeln etwas abtropfen, dann gib sie zurück in den Topf und füg die Butter und den Käse hinzu. Rühr die Muscheln einmal um, damit der Käse schmilzt.

6. Erwärm noch einmal die Sauce. Dann kannst du die dampfenden Muscheln auf die beiden Teller verteilen und die Sauce darüber gießen.

Tortellini mit Gemüse-sauce

Für 2 Nudelfans

Das sind die Zutaten:
100 g gekochter Schinken
1 EL Olivenöl
150 g Crème fraîche
1 kleine Dose Erbsen
6 EL geriebener Käse
3 Msp. Salz
etwas Pfeffer
200 g dreifarbige Tortellini
3 l Wasser
1 EL Salz
2 EL Butter

Diese Küchengeräte sollten nicht fehlen:
1 Küchenschere
1 kleiner Topf
1 Esslöffel
1 Kochlöffel
1 Dosenöffner
1 großer Topf mit Deckel
1 Messbecher
1 Sieb, 2 Topflappen
2 Suppenteller

1. Den gekochten Schinken schneidest du mit der Küchenschere in schmale Streifen und dann in kleine Würfel. Dann erhitzt du in dem kleinen Topf das Olivenöl und brätst die Schinkenwürfel darin an. Dafür darf die Hitze nicht zu groß sein.

2. Nun kannst du die Crème fraîche zum Schinken hinzufügen und alles einmal umrühren. Anschließend musst du die Dose öffnen. Falls das für dich zu schwer ist, hilft dir dabei bestimmt ein größeres Kind oder ein Erwachsener. Gieß bis auf einen kleinen Rest alles Wasser von den Erbsen weg und schütt die kleinen grünen Kugeln in die heiße Crème fraîche.

3. Jetzt gibst du noch den geriebenen Käse in den kleinen Topf. Du weißt sicherlich, dass es sehr kräftig schmeckende Käsesorten gibt und ganz milde. Nimm den Käse, der dir am besten schmeckt: etwa Parmesan, Emmentaler, Gouda.

4. Stell den Topf mit der Sauce neben den Herd (auf einen Untersetzer) und rühr so lange, bis der Käse geschmolzen ist. Danach würz die Sauce mit Salz und etwas Pfeffer.

5. Lies auf der Nudelpackung, wie lange die Tortellini (das sind kleine, mit Käse oder Hackfleisch gefüllte Nudelringe; die rote Farbe stammt von Tomatensaft und die grüne von Spinatsaft) gekocht werden müssen.

6. Dann gieß das abgemessene Wasser in den großen Topf, füg das Salz hinzu, leg den Deckel obendrauf und bring das Wasser zum Kochen. Wenn es sprudelt, kippst du die Tortellini hinein und lässt sie 8 Minuten kochen. Fisch dir nun eine Nudel aus dem Wasser und probier, ob sie schon weich und essbar ist. Übrigens: Tortellini schmecken noch besser, wenn du sie in Gemüse- oder Fleischbrühe kochst.

7. Wenn die Tortellini gar sind, stellst du das Sieb in den Ausguss, greifst mit beiden Topflappen den Nudeltopf und gießt den Inhalt ins Sieb. Anschließend kippst du die Nudeln zurück in den Topf, mischst sie mit der Butter und der Sauce und verteilst sie auf die beiden Teller. Wer kann dazu schon nein sagen!

Penne mit Ragout

Für 2 Nudelfans

Diese Küchengeräte sollten nicht fehlen:
1 Küchenmesser
1 Schneidbrett
1 kleiner Topf
1 Esslöffel
1 Kochlöffel
1 Gabel
1 Küchenschere
1 großer Topf mit Deckel
1 Messbecher
2 Topflappen
1 Sieb
2 große Teller

1. Schäl die Zwiebel, teil sie in zwei Hälften und schneid sie auf dem Brett so fein, wie du kannst. Das Öl erhitzt du in dem kleinen Topf, gibst die Zwiebeln dazu und lässt sie bei mittlerer Hitze 3 Minuten schmoren. Sie dürfen dabei aber nicht braun werden.

2. Die Packung mit dem tiefgekühlten Suppengrün öffnest du mit der Schere und gibst den Inhalt zu den Zwiebeln. Rühr alles um und gib dann das Hackfleisch in den Topf.

3. Jetzt kannst du die Hitze etwas erhöhen, damit das Hackfleisch gut anbrät. Dabei sollst du immer rühren, damit es krümelig wird. Wenn das Hackfleisch grau und nicht mehr rosa aussieht, fügst du das Lorbeerblatt hinzu.

4. Mach die Tomatenpackung auf und gieß den Inhalt zum Hackfleisch. Rühr alles gut um und lass das Ragout auf kleiner Hitze ohne Deckel 10 bis 15 Minuten köcheln, bis es leicht blubbert und kleine Bläschen zu sehen sind. Vergiß aber bitte nicht, ab und zu umzurühren, damit das Ganze nicht anbrennt.

5. Während das Ragout langsam dicker wird, weil das Wasser verdampft, liest du auf der Packung, wie lange du die Nudeln kochen musst. Dann gießt du das abgemessene Wasser in den großen Topf, schüttest das Salz hinein und legst den Deckel obendrauf.

Das sind die Zutaten:
1 Zwiebel
2 EL Olivenöl
1 P. TK-Suppengrün
200 g Rinderhackfleisch
1 Lorbeerblatt
1 P. Tomatensauce mit Stückchen
3 Msp. Salz, Pfeffer
250 g Penne (kurze Röhrennudeln)
3 l Wasser, 1 EL Salz
1 EL Butter

6. Bring das Wasser zum Kochen. Wenn es richtig sprudelt, kippst du die Nudeln (die Italiener sagen dazu Penne, was übersetzt Federn bedeutet, weil die Röhren an beiden Seiten wie Federn zugespitzt sind) ins kochende Wasser. Nun musst du die Nudeln einmal umrühren, damit sie nicht zusammenkleben.

7. Nach 7 Minuten angelst du dir mit der Gabel eine Nudel und probierst, ob sie gar ist: Sie darf keinen festen Kern im Innern haben, aber sie darf auch nicht zu weich und matschig sein.

8. Hast du zwischendurch einmal umgerührt? Während die Penne kochen, kannst du die Fleischsauce mit Salz und Pfeffer würzen.

9. Wenn es dir immer noch nicht richtig schmeckt, dann würz das Ragout mit einer Prise Zucker (das ist die Menge, die du zwischen Daumen und Zeigefinger greifen kannst) nach. Zum Abschmecken kannst du auch etwas Knoblauch- oder Kräutersalz oder getrockneten Oregano, Thymian, Rosmarin oder Majoran nehmen.

10. Die Nudeln müssten inzwischen bissfest sein. Also stell das Sieb in den Ausguss und nimm mit beiden Topflappen den Nudeltopf vom Herd. Dann gieß den Inhalt ins Sieb. Lass die Nudeln etwas abtropfen und schütt sie zurück in den Nudeltopf. Füge die Butter hinzu und rühr alles um.

11. Jetzt verteil die leckeren Penne auf die beiden Teller, entfern noch schnell das Lorbeerblatt und gieß dein Ragout darüber.

Vollkornhörnchen mit Pilzsauce

Für 2 Nudelfans

Diese Küchengeräte sollten nicht fehlen:
1 Küchenmesser
1 Schneidbrett
etwas Küchenpapier
1 kleiner Topf
1 Esslöffel, 1 Kochlöffel
1 Teelöffel
1 großer Topf mit Deckel
1 Messbecher
2 Topflappen
1 Sieb
2 große Teller

1. Schäl zuerst die Zwiebel, teil sie in zwei Hälften und schneid sie auf dem Schneidbrett so klein wie möglich.

EIN TIP, SO VERMEIDET IHR TRÄNEN BEIM ZWIEBELSCHNEIDEN.

2. Dann entfernst du von den Champignons den unteren, schmutzigen Teil der Füße. Halt die Pilzköpfe kurz unter kaltes Wasser und reib sie anschließend mit etwas Küchenpapier oder einem Küchentuch trocken. Die Champignons musst du dann in dünne Scheiben schneiden. Falls du welche aus der Dose nimmst, entfällt diese Arbeit.

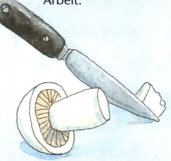

3. Nun halbierst du die rote Paprikaschote und schneidest die weißen Innenstege sowie die Kerne weg. Wasch die beiden Hälften kurz unter kaltem Wasser und lass sie gut abtropfen. Schneid diese in sehr dünne Streifen.

4. Jetzt kannst du das Öl in dem kleinen Topf erhitzen. Gib erst die Zwiebelwürfelchen hinein, rühr einmal um, und füge nun Champignonscheiben, Paprikastreifen und das Wasser hinzu. Wieder musst du alles umrühren. Dann leg den Deckel auf den Topf und lass das Gemüse bei mittlerer Hitze 10 Minuten köcheln.

5. Nun gibst du die Crème fraîche und den Käse zum Gemüse und rührst so lange, bis der Käse geschmolzen ist.

Das sind die Zutaten:
1 Zwiebel
300 g frische Champignons
1 große rote Paprikaschote
2 EL Olivenöl
6 EL Wasser
100 g Knoblauch-Crème-fraîche oder normale Crème fraîche
6 EL geriebener Käse wie Edamer oder Gouda
3 Msp. Salz
etwas Pfeffer aus der Mühle
½ TL Kräuter der Provence
1 TL Paprikapulver
180 g Vollkornhörnchen
2 l Wasser
1 TL Salz
2 EL Butter

HOFFENTLICH HABE ICH NICHTS VERGESSEN.

6. Damit deine Sauce einen richtig guten Geschmack bekommt, musst du sie noch mit Salz, Pfeffer, den Kräutern und dem Paprikapulver würzen. Dann stellst du sie auf einem Untersetzer beiseite, bis die Nudeln gar sind.

7. Lies zuerst auf der Packung, wie lange die Nudeln gekocht werden müssen. Dann schütt das abgemessene Wasser in den großen Topf, gib das Salz dazu, leg den Deckel obendrauf und bring es zum Kochen.

8. Sobald das Wasser kräftig sprudelt, gibst du die Nudeln hinein und lässt sie ohne Deckel mindestens 30 Minuten kochen (Vollkornnudeln ca. 40 Minuten).

ALFRED! WO BIST DU? DIE NUDELN KOCHEN!

9. Nach 30 Minuten fischst du dir ein Hörnchen aus dem Wasser, pustest ein bisschen, damit du dir nicht den Mund verbrennst, und kostest es. Ist die Nudel schon weich? Wenn nicht, lass sie noch ein paar Minuten weiter kochen.

10. Nach 40 Minuten sollten die Nudeln gar sein. Stell das Sieb in den Ausguss, fass mit beiden Topflappen den Nudeltopf und kipp alles ins Sieb.

11. Lass die Hörnchen etwas abtropfen und schütt sie zurück in den Topf. Danach gib die Butter dazu und rühr die Hörnchen darin um.

12. Bevor du dich gemütlich zum Essen an den Tisch setzt, musst du erst die Gemüsesauce erwärmen. In der Zwischenzeit kannst du die kernigen Hörnchen auf die beiden Teller verteilen und dann die leckere warme Sauce darüber geben.

Makkaroniauflauf mit Kohl

Für 4 Nudelfans

Diese Küchengeräte sollten nicht fehlen:
1 kleines Küchenmesser
1 mittelgroßer Topf mit Deckel
1 Esslöffel
1 Schöpfkelle
1 Schneidbrett
1 kleiner Topf
1 Schneebesen
1 großer Topf mit Deckel
1 Messbecher, 1 Sieb
2 Topflappen
1 Auflaufform
1 Küchenpinsel
1 Untersetzer
4 große Teller

1. Von dem Blumenkohl musst du zuerst die äußeren grünen Strünke wegschneiden. (Falls du lieber Brokkoli magst, dann verwende die gleiche Menge Brokkoliröschen. Danach teilst du von unten nach oben einzelne kleine Röschen ab. Lange Stiele musst du kürzen. Leg die Röschen ins Sieb und wasch sie mit lauwarmem Wasser.

2. Gib sie nun in den mittelgroßen Topf, gieß das Wasser darüber und streu das Salz dazu. Leg den Deckel auf den Topf und koch den Blumenkohl 12 Minuten. Mit der Schöpfkelle füllst du 125 Milliliter Blumenkohlwasser in den Messbecher und schüttest es dann in den kleinen Topf.

3. Stell das Sieb in den Ausguss, fass den Blumenkohltopf mit beiden Topflappen und kipp alles ins Sieb. Behalt die Röschen im Topf, bis du die Sauce und die Nudeln gekocht hast.

4. Für die Sauce misst du nun die Milch ab und gießt sie zum Blumenkohlwasser. Rühr beide Flüssigkeiten einmal um und bring sie zum Kochen. Dann kippst du den Inhalt der Packung für Holländische Sauce in das blubbernde Wasser und rührst dabei ständig mit dem Schneebesen. Sobald die Sauce kräftig kocht, würzt du sie mit etwas Muskatnuss und stellst den Topf auf einen Untersetzer neben den Herd.

5. Nun musst du die Nudeln kochen. Dazu gieß das abgemessene Wasser in den großen Topf, füg das Salz hinzu, leg den Deckel obendrauf, und bring das Wasser zum Kochen.

Das sind die Zutaten:
1 kg Blumenkohl
1 l Wasser
1 EL Salz
125 ml Blumenkohlwasser
150 ml Milch
1 P. Holländische Sauce
2 Msp. geriebene
Muskatnuss
300 g Makkaroni
1 EL Salz
3 l Wasser

3 EL Butter
100 g gekochter Schinken
100 g geriebener Käse
Butterflöckchen

WIR HABEN HUNGER! WIR HABEN...

Wenn's richtig sprudelt, schüttest du die Makkaroni hinein, rührst sie einmal um und lässt sie 8 Minuten kochen.

6. Stell nun das Sieb wieder in den Ausguss, greif mit beiden Topflappen den Nudeltopf und gieß den Inhalt ins Sieb. Lass die Nudeln kurz abtropfen und schütt sie zurück in den Nudeltopf. Füg zwei Esslöffel Butter hinzu und rühr die Nudeln noch einmal um.

7. Mit der restlichen Butter fettest du die Auflaufform ein. Das geht am besten mit dem Küchenpinsel. Wenn du die Form nicht einfettest, klebt der Auflauf an den Wänden fest.

8. Schneid den gekochten Schinken mit dem Messer in dünne Streifen und dann in kleine Würfel.

9. Den Backofen kannst du schon mal auf 200 Grad (Gas: Stufe 3) vorheizen.

10. Nun muss die Auflaufform gefüllt werden. Dafür legst du zuerst ein paar Makkaroni auf den Boden der Auflaufform, darüber schichtest du einige Blumenkohlröschen, streust etwas Käse und ein paar Schinkenwürfel dazu und gibst etwas Sauce darüber. Dann legst du wieder ein paar Makkaroni auf die Sauce, es folgen Blumenkohlröschen, Käse, Schinken und Sauce, bis alle Zutaten verbraucht sind.

11. Die letzte Schicht soll aus Sauce bestehen. Darüber streust du die restlichen Schinkenwürfel und etwas Käse. Zum Schluss gibst du mit einem Teelöffel ein paar Butterflöckchen obendrauf.

12. Jetzt schieb die Form auf der zweiten Einschubleiste von unten in den heißen Backofen. Nach 30 bis 35 Minuten hat sich eine goldgelbe Kruste gebildet.

13. Mit den beiden Topflappen holst du den Auflauf aus dem Backofen und stellst ihn auf den Untersetzer. Du kannst ihn auch gleich auf die vier Teller verteilen.
Dazu schmeckt eine Tomatensauce: Erwärm einfach eine oder zwei Packungen fertige Tomatensauce mit Kräutern oder Champignons.

Schnitzelstreifen mit grünen Nudeln

Für 2 Nudelfans

Diese Küchengeräte sollten nicht fehlen:
etwas Küchenpapier
1 Küchenmesser
1 Schneidbrett
1 Knoblauchpresse
1 mittelgroße Bratpfanne
1 Kochlöffel, 1 Esslöffel
1 Zitruspresse, 1 Teelöffel
1 großer Topf mit Deckel
1 Messbecher
1 Gabel, 1 Sieb
2 Topflappen
2 große Teller

1. Die Schweineschnitzel hältst du kurz unter kaltes Wasser, dann tupfst du sie mit etwas Küchenpapier trocken.

2. Jetzt musst du die Schnitzel in kurze, dünne Streifen schneiden. Dafür sollte das Messer recht scharf sein. Falls dir das zu gefährlich ist, überlass einem Älteren diese Arbeit.

3. Nun schäl die Zwiebel, teil sie in zwei Hälften und schneid sie auf dem Schneidbrett klein. Die geschälte Knoblauchzehe drückst du durch die Presse dazu. Du magst gerne Zwiebeln und Knoblauch? Dann nimm die doppelte Menge! Wenn du sie nicht magst, lass sie weg.

4. Stell die Pfanne auf den Herd, gieß das Öl hinein und erhitz es. Dort hinein legst du die Fleischstreifen. Aber Achtung: Es spritzt ein wenig!

5. Das Fleisch muss hellbraun angebraten werden. Das dauert 8 bis 10 Minuten. Damit das Fleisch rundherum Farbe annimmt, rührst du die Streifen ab und zu mit dem Kochlöffel um. Sobald das Fleisch schön knusprig ist, gibst du die Zwiebeln und den Knoblauch hinzu. Misch alles und lass es 2 Minuten schmoren.

Das sind die Zutaten:
200 g Schweineschnitzel
(2 dünne Scheiben)
1 Zwiebel
1 Knoblauchzehe
2 EL Olivenöl
125 g süße Sahne
100 g geriebener Käse
1 Orange
2 Msp. Salz
etwas Pfeffer aus der Mühle

2 EL Petersilie
200 g grüne Bandnudeln
2 l Wasser
1 EL Salz
2 EL Butter

DAS ESSEN IST FERTIG!

6. Nun gieß die süße Sahne dazu. Sobald sie kocht, streust du den Käse darüber und rührst so lange um, bis der Käse geschmolzen ist.

7. Die Orange musst du in der Mitte durchschneiden und sie auf der Zitruspresse ausdrücken. Gib den Saft zum Fleisch, und lass alles noch einmal kräftig kochen. Dann würz die sahnige Sauce mit Salz, Pfeffer und der geschnittenen Petersilie. Tauch den Teelöffel in die Sauce, lass sie etwas abkühlen und koste, ob sie dir schmeckt. Wenn nicht, gib noch etwas Salz oder Pfeffer hinzu. Dann stell die Pfanne beiseite, bis du die Nudeln gekocht hast.

8. Lies zuerst auf der Packung nach, wie lange die grünen Nudeln gekocht werden müssen. Dann füll das abgemessene Wasser in den großen Topf, gib das Salz hinzu und leg den Deckel auf den Topf.

Jetzt bring das Wasser zum Kochen.

9. Sobald es im Topf anfängt zu sprudeln, schüttest du die Nudeln dazu und rührst einmal um, damit sie nicht zusammenkleben. Lass die Nudeln etwa 8 Minuten kochen.

10. Angel dir nun mit der Gabel eine Nudel aus dem Topf und probier, ob sie weich ist.

Dann stell das Sieb in den Ausguss, greif mit beiden Topflappen den Nudeltopf und kipp das Ganze ins Sieb.

11. Lass die Nudeln etwas abtropfen, schütt sie zurück in den heißen Topf und misch die Butter darunter.

12. Nun erwärm noch einmal die Fleischstreifen in der Sauce.

HMM - WIE DAS LECKER DUFTET!

Nudelsalat mit Frikadellen

Das sieht aber lecker aus!

Für 4 Nudelfans

Diese Küchengeräte sollten nicht fehlen:
1 mittelgroßer Topf mit Deckel
1 Teelöffel
1 Esslöffel
1 Messbecher
1 Sieb
2 Topflappen
1 große Schüssel
1 Kochlöffel
1 Küchenmesser
1 Schneidbrett
1 mittelgroße Schüssel
1 Gabel
1 große Pfanne
1 Pfannenwender
1 großer Teller

1. Zuerst siehst du auf der Packung nach, wie lange die Nudeln kochen müssen.

Gieß das Wasser in den Topf, gib das Salz hinzu, leg den Deckel auf den Topf und bring das Wasser zum Kochen.

2. Wenn das Wasser sprudelt, schüttest du die Nudeln hinein, rührst sie einmal um, damit sie nicht zusammenkleben. Nach 7 Minuten holst du dir eine Nudel aus dem Wasser und probierst, ob sie weich ist.

3. Sind die Spiralnudeln richtig gar, stell das Sieb in den Ausguss, fass den Nudeltopf mit den beiden Topflappen und schütt alles ins Sieb, damit die Nudeln abtropfen können.

4. Für die Salatsauce mischst du das Öl, den Jogurt, den Essig, Salz und Pfeffer in der Schüssel und gibst die Nudeln dazu. Rühr alles einmal um.

5. Nun musst du die Möhren schälen und von den Bohnen die beiden Enden mit dem Messer abschneiden. Wasch das Gemüse kurz unter kaltem Wasser.

6. Dann teil die Möhren quer in drei Stücke, diese wiederum schneidest du längs in dünne Scheiben und daraus schneidest du Stifte. Die Bohnen kannst du in der Mitte durchbrechen.

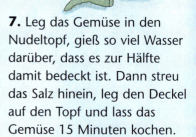

7. Leg das Gemüse in den Nudeltopf, gieß so viel Wasser darüber, dass es zur Hälfte damit bedeckt ist. Dann streu das Salz hinein, leg den Deckel auf den Topf und lass das Gemüse 15 Minuten kochen.

8. Während dessen entfernst du die grünen Stielansätze von

Das sind die Zutaten:
- 1,5 l Wasser
- 1 TL Salz
- 125 g bunte Spiralnudeln
- 2 EL Öl
- 3 EL Jogurt
- 2 EL Essig
- 3 Msp. Salz
- etwas Pfeffer aus der Mühle
- 2 Möhren
- 200 g grüne Bohnen
- ½ TL Salz
- 2 Tomaten
- 1 Bund Schnittlauch
- 500 g gemischtes Hackfleisch
- 1 kleines Ei
- 2 EL Magerquark
- 1 TL Salz
- 4 EL gehackte Petersilie
- 2 EL Öl

GUTEN APPETIT!

den Tomaten und schneidest sie in acht Teile. Den gewaschenen Schnittlauch schneidest du in kleine Röllchen (siehe auf Seite 22). Misch beides mit den Nudeln.

9. Nun stellst du das Sieb wieder in den Ausguss und fasst den Gemüsetopf mit den Topflappen. Dann gießt du die Möhren und die Bohnen ins Sieb. Das abgetropfte Gemüse mischst du jetzt mit den Nudeln. Fertig!

10. Für die Frikadellen gibst du das Hackfleisch, das aufgeschlagene Ei, den Magerquark, das Salz und die gehackte Petersilie in die Schüssel.

11. Mit der Gabel rührst und drückst du die Zutaten so lange, bis sie sich gut vermischt haben. Dann form vier große oder acht kleine Frikadellen aus der gewürzten Hackfleischmasse.

12. Gieß das Öl in die Pfanne, und erhitz es. Dann leg die Frikadellen nebeneinander hinein, und brat sie auf jeder Seite 4 Minuten.
Verteil die heißen Frikadellen auf dem großen Teller und stell ihn mit dem köstlichen Salat auf den Tisch. Da wird garantiert kein Krümel mehr übrig bleiben.

Heiß und weiß: Immer lecker schmeckt der Reis

Wo kommen bloß die vielen kleinen, weißen Reiskörner her? Aus Asien! Dort gehört der Reis zur täglichen Ernährung wie bei uns das Brot. Und überall auf der Erde, wo es warm und feucht ist, gedeiht diese Grasart. Am liebsten steht sie mit ihren Füßen im Wasser. Allerdings wächst der Reis nicht weiß am Halm, sondern die kleinen Körnchen sind braun. Erst wenn der Mensch ihnen mit Maschinenkraft die harten Spelzen und das Silberhäutchen wegschleift, kommt ein weißes, rundes oder längliches Reiskorn zum Vorschein. In verschiedenen Gegenden sind die Reiskörner auch gelblich, rot oder gar schwarz wie die Nacht. Auf den nächsten Seiten findest du Alfreds allerfeinste Reisrezepte.

Aprikosen-Fleisch-Spieße mit Reis

Für 2 Reisbeißer

Diese Küchengeräte sollten nicht fehlen:
1 Tasse
1 engmaschiges Sieb
1 Teelöffel, 1 Kochlöffel
1 Küchenmesser
1 Schneidbrett
1 Glas
1 Topf mit Deckel
2 Topflappen
1 Schälchen
etwas Küchenpapier
2 Schaschlikspieße
1 große Bratpfanne
1 Pfannenwender
2 große Teller
1 mittelgroße Schüssel

1. Zuerst musst du den Reis waschen, wie auf Seite 68/69 beschrieben. Dann gießt du vier Tassen Wasser in den Topf, fügst das Salz und den Reis hinzu, rührst einmal um, legst den Deckel auf den Topf und lässt den Reis 15 Minuten köcheln.

2. Dann kippst du den Reis ins Sieb, lässt das restliche Wasser abtropfen und schüttest ihn wieder zurück in den Topf. Leg nun den Topfdeckel obendrauf, damit der Reis warm bleibt.

3. Die Aprikosen, die du in ein Schälchen gelegt hast, übergießt du mit dem Orangensaft. Dann schneidest du von den Champignons die Hälfte der Füße weg, wäschst sie kurz unter kaltem Wasser ab und schneidest die Pilzköpfe der Länge nach einmal durch.

Das sind die Zutaten:
1 Tasse indischer
Basmati-Reis
oder normaler Langkornreis
1 TL Salz
8 getrocknete Aprikosen
½ Glas Orangensaft
4 frische Champignons
1 Schweineschnitzel
(200 Gramm)
Salz
etwas Pfeffer aus der Mühle
2 EL Olivenöl

4. Auch das Schnitzel musst du kurz abwaschen, mit etwas Küchenpapier trocken tupfen und dann in große Würfel schneiden.

5. Jetzt kannst du die abgetropften Aprikosen, die halbierten Champignons und die Fleischwürfel abwechselnd auf die beiden Spieße stecken. Würz sie noch ein bisschen mit Salz und Pfeffer – nun ab damit in die Pfanne, in der bereits das heiße Öl zischelt.

6. Nach 3 Minuten wendest du die Spieße und brätst sie weitere 3 Minuten. Nun kannst du sie auf die beiden Teller legen. Den duftenden Reis füllst du in die Schüssel. Guten Appetit!

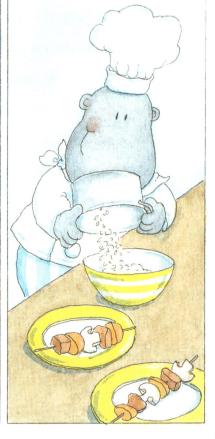

Rindfleisch mit Safranreis

Für 2 Reisbeißer

Diese Küchengeräte sollten nicht fehlen:
1 Küchenmesser
1 Knoblauchpresse
1 Schneidbrett
1 Esslöffel
1 Topf mit Deckel
1 Teelöffel
1 Kochlöffel
1 Messbecher
1 Topf mit Deckel
1 Küchenschere
2 große Teller

> WEISST DU WAS SAFRAN IST? SAFRAN IST EIN GEWÜRZ. ES FÄRBT DIE SPEISEN SCHÖN GELB!

1. Zuerst musst du die Zwiebel und die Knoblauchzehe schälen. Dann teilst du die Zwiebel in zwei Hälften und schneidest sie auf dem Schneidbrett so klein wie möglich. Die Knoblauchzehe drückst du durch die Presse dazu.

2. Nun erhitz das Fett deiner Wahl in dem Topf und gib die Zwiebeln mit dem Knoblauch dazu. Lass alles bei mittlerer Hitze 1 Minute köcheln, dann füg das Rindfleisch hinzu.

3. Das Fleisch muss rundherum schön braun angebraten werden. Dafür kannst du die Hitze etwas erhöhen.

4. Während das Fleisch in dem Topf brutzelt, misst du einen viertel Liter Wasser ab und rührst die körnige Brühe hinein.

Das sind die Zutaten:
1 Zwiebel
1 Knoblauchzehe
3 EL Margarine oder
Olivenöl
250 g Rindergulasch
¼ l Wasser
1 gehäufter TL
körnige Brühe
1 l Wasser
1 TL Salz
1 Döschen Safran

1 P. Kochbeutel-
reis (125 g)
3 EL gehackte
Petersilie
etwas Pfeffer aus der Mühle
1 kleines Glas grüne Bohnen

„... 2 TELLER, 1 TOPF, ES MÜSSTE ALLES DA SEIN!"

5. Sobald das Fleisch schön duftet, gießt du die Brühe dazu, legst den Deckel auf den Topf, verringerst du Hitze und lässt das Fleisch 45 Minuten leicht kochen. Vergiss bitte nicht, ab und zu mal umzurühren.

6. Inzwischen kannst du schon einmal den Tisch decken und den Reis kochen.

7. Das geht mit Kochbeutelreis sehr einfach: Erhitz das abgemessene Wasser mit Salz und Safran in dem Topf. Dann legst du den Reisbeutel hinein. Deckel drauf, und bei geringer Hitze 15 Minuten köcheln lassen.

8. Wenn das Fleisch zart ist, gibst du die klein geschnittene Petersilie, etwas Pfeffer und die abgegossenen Bohnen dazu.

9. Den fertig gekochten Reis fischst du mit dem Kochlöffel oder einem Esslöffel aus dem Wasser, schneidest den Beutel seitlich auf und lässt die Körnchen zum Fleisch rollen. Rühr alles noch einmal um und probier, ob noch etwas Würze fehlt, dann verteil den leckeren Reistopf auf die beiden Teller.

Puten-geschnetzeltes mit Naturreis

Für 2 Reisbeißer

Diese Küchengeräte sollten nicht fehlen:
1 Waage
1 engmaschiges Sieb
1 Messbecher
1 Teelöffel, 1 Esslöffel
etwas Küchenpapier
1 Kochlöffel
1 Topf mit Deckel
1 mittelgroße Bratpfanne
1 Küchenmesser
1 Schneidbrett
1 kleiner Teller
1 Zitruspresse
2 große Teller

PRAKTISCH, SO EINE PAPIERROLLE!

1. Wenn du den Reis richtig abgewogen hast, schüttest du ihn in das Sieb und hältst den Reis so lange unter kaltes Wasser, bis das ablaufende Wasser klar ist.

2. Dann gießt du das Wasser in den Topf, fügst die körnige Brühe und den Reis hinzu, rührst einmal um und bringst alles zum Kochen. Jetzt kannst du die Temperatur verringern, legst den Deckel auf den Topf und lässt nun den Reis 30 bis 40 Minuten quellen.

3. Wie bei Nudeln haben auch die verschiedenen Reissorten unterschiedliche Garzeiten. Deshalb musst du immer lesen, was auf der Packung angegeben ist. Vorsichtshalber probierst du ein paar Reiskörnchen, damit du sicher bist, dass der Reis weich ist. Naturreis hat eine fast doppelt so lange Garzeit wie normaler Reis.

Das sind die Zutaten:
70 g Naturreis
150 ml Wasser
1 TL körnige Brühe
200 g Putenschnitzel
¼ TL Salz
1 EL Mehl
3 EL Olivenöl
4 EL Crème fraîche
1 EL Zitronensaft
½ TL getrockneter Estragon
etwas Pfeffer aus der Mühle

HEUTE KOCHE ICH NATURREIS!

4. Während dein Reis kocht, kannst du das Geschnetzelte herstellen. Wasch das Fleisch kurz unter kaltem Wasser, tupf es mit etwas Küchenpapier trocken, schneid das Fleisch in dünne Streifen und streu das Salz darüber.

5. Das Mehl verteilst du auf dem kleinen Teller und wälzt die Fleischstreifen darin, so dass sie rundherum wie gepudert aussehen.

6. Nun erhitzt du das Öl in der Pfanne und brätst darin das Geschnetzelte. Es soll dabei knusprig braun werden. Inzwischen kannst du den Teller mit dem Mehl abspülen und abtrocknen. Mit dem Kochlöffel musst du die Fleischstreifen öfter umdrehen.

7. Nach 5 Minuten ist das Fleisch gar: Leg es auf den kleinen Teller. Dann kannst du die Crème fraîche in die leere Pfanne geben. Sie muss kräftig kochen. Du sollst dabei gut umrühren.

8. Damit es noch etwas besser schmeckt, drückst du von einer halben Zitrone etwas Saft aus, misst einen Esslöffel ab und gibst den Saft mit dem Estragon in die Sauce. Jetzt streu ein bisschen Pfeffer in die Sauce.

9. Erwärm die Fleischstreifen wieder in der Sauce. Inzwischen dürfte auch der Reis weich sein, und du kannst ihn mit dem Geschnetzelten auf die beiden Teller verteilen.

Gemüse-paella

Für 4 Reisbeißer

Diese Küchengeräte sollten nicht fehlen:
1 Topf mit Deckel
1 Teelöffel, 1 Suppenteller
1 Esslöffel, 1 Messbecher
1 kleines Messer
1 Schneidbrett
1 Knoblauchpresse
1 großer, flacher Topf mit Deckel
1 Kochlöffel
1 Küchenschere
1 große Pfanne
1 Schälchen
1 großer Teller

1. Zuerst gibst du das vorher abgemessene Wasser, das Salz und die gekörnte Brühe in den Topf und bringst das Wasser zum Kochen. Sobald es sprudelt, legst du den Kochbeutelreis hinein und deckst den Topf mit dem Deckel zu. Bei kleiner Hitze lässt du den Reis 12 Minuten köcheln.

2. Dann fischst du den Beutel mit dem Kochlöffelstiel aus dem Wasser, schneidest den Beutel seitlich auf und lässt die Körnchen in den Suppenteller kullern.

3. Das Reiskochwasser schüttest du aber noch nicht weg, weil du es später noch brauchst.

4. Nun musst du erst einmal das bunte Gemüseallerlei putzen. Halbier zunächst die drei Paprikaschoten und entfern aus dem Innern mit dem kleinen Messer die weißen Innenstege und die Kerne. Nun hältst du das Gemüse kurz unter kaltes Wasser, dann schneidest du die halbierten Schoten in ganz feine Streifen.

5. Von den Champignons entfernst du zur Hälfte die schmutzigen Füße. Nun wasch die Pilzköpfe kurz unter kaltem Wasser und schneid sie anschließend in dünne Scheiben.

6. Vom Lauch verwendest du nur den weißen und hellgrünen Teil. Der dunkelgrüne Teil ist sehr hart und bitter. Entfern nun den unteren Teil mit den kleinen krummen Wurzeln. Dann schneid den Lauch in dünne Scheiben, die du gründlich unter kaltem Wasser waschen musst, weil sich zwischen

Das sind die Zutaten:
1 l Wasser
½ TL Salz
3 TL gekörnte Brühe
1 P. Kochbeutelreis (125 g)
1 rote Paprikaschote
1 grüne Paprikaschote
1 gelbe Paprikaschote
250 g Champignons
3 Stangen Lauch
2 Zwiebeln
2 Knoblauchzehen
3 EL Olivenöl

1 Schöpfkelle Reiskochwasser
1 kleines Glas grüne Erbsen
2 EL Butter
2 EL Olivenöl
1 Döschen Safran
125 g saure Sahne
1 Bund Schnittlauch
3 EL Petersilie

den einzelnen Lauchschichten oft viel Sand befindet.

7. Nun brauchst du nur noch die Zwiebeln und den Knoblauch zu schälen. Die Zwiebeln musst du halbieren und dann so fein wie möglich würfeln. Die Knoblauchzehen drückst du durch die Presse direkt zu den Zwiebeln.

8. Falls du weder Zwiebeln noch Knoblauch magst, dann lass die beiden Zutaten (oder auch nur eine) einfach fort.

9. Gieß nun das Olivenöl in den breiten Topf, erhitz es und füll das Gemüse und die Zwiebeln mit dem Knoblauch hinein. Gieß eine Schöpfkelle Reiskochwasser dazu und lass das kunterbunte Gemüseallerlei 15 Minuten köcheln.

10. Wenn das Gemüse gar, aber noch bissfest ist, fügst du die abgegossenen Erbsen dazu.

11. In der großen Pfanne erhitzt du die Butter und das Öl. Nun gib den Reis hinein und rühr ihn um. Sobald er etwas angebraten ist, füg das Gemüse zum Reis und vermisch alles sorgfältig.

12. Das kostbare Safranpulver (1 Gramm Safran ist fast so teuer wie 1 Gramm Gold) schüttest du auf einen Esslöffel und gibst ein paar Tropfen warmes Wasser dazu.

13. Jetzt kannst du die saure Sahne mit dem aufgelösten Safranpulver verrühren.

14. Zum Schluss schneidest du mit der Küchenschere den gewaschenen Schnittlauch in Röllchen und vermischst ihn mit der ebenfalls gewaschenen und gehackten Petersilie sowie mit der gelben Sahne. Diese feine Mischung gießt du über die Paella (so nennen die Spanier eine bunte Reispfanne), rührst alles gut um und stellst die Pfanne mit der heißen Gemüsepaella auf den Tisch, damit sich jeder selbst bedienen kann.

Bunte Fischpfanne

WENN ALFRED NICHTS FÄNGT, DANN GIBT ES HEUTE KEINE FISCHPFANNE!

Für 2 Reisbeißer

Diese Küchengeräte sollten nicht fehlen:
etwas Küchenpapier
1 Suppenteller
1 Zitruspresse
1 Teelöffel
1 Esslöffel
1 Küchenmesser
1 Schneidbrett
1 große Pfanne mit Deckel
1 Tasse, 1 Messbecher
1 kleiner Topf
1 engmaschiges Sieb
1 Kochlöffel
1 Gabel
1 Küchenschere

1. Die verschiedenen Fischfilets musst du zuerst kurz unter kaltem Wasser abwaschen. Danach tupf sie mit etwas Küchenpapier trocken. Schneid sie klein, leg sie nun auf den Suppenteller und gib die gekochten Garnelen darüber.

2. Die halbe Zitrone drückst du auf der Zitruspresse aus und gibst den Saft über Fisch und Garnelen. Würz die feinen Fische mit Salz und stell den Teller beiseite.

3. Die Zwiebel musst du schälen und in zwei Hälften teilen. Dann schneid diese fein.

4. Das Fett deiner Wahl erhitzt du in der Pfanne, gibst die Zwiebelwürfel hinein und lässt sie 2 Minuten schmoren. Achte darauf, dass sie nicht braun werden. Deshalb musst du frühzeitig die Temperatur verringern.

5. Schütt den Reis ins Sieb und wasch ihn so lange unter kaltem Wasser, bis das ablaufende Wasser fast klar ist. Dann lass den Reis etwas abtropfen, kipp ihn zu den Zwiebeln und verrühr beides mit dem Kochlöffel. Stell die Pfanne nun neben die Kochstelle, möglichst auf einen Untersetzer.

Das sind die Zutaten:

350 g gemischte Fischfilets (Rotbarsch, Kabeljau, Seelachs, Lachs, Victoriabarsch)
100 g gekochte, ausgelöste Garnelen
½ Zitrone
½ TL Salz
1 große Zwiebel
3 EL Butter oder Margarine
1 Tasse Langkornreis
½ l Wasser
2 TL gekörnte Brühe
2 Möhren
150 g TK-Erbsen
1 Döschen Safran
2 Tomaten
etwas Pfeffer
4 EL süße Sahne
2 EL Dill
2 EL Schnittlauchröllchen
½ Kästchen Kresse

6. Miss einen halben Liter Wasser ab, gieß ihn in den kleinen Topf und streu die gekörnte Brühe hinein. Bring das Wasser zum Kochen.

7. Inzwischen schälst du die Möhren und schneidest sie in dünne Scheiben.

8. Sobald das Wasser kocht, gibst du die Möhrenscheiben und die tiefgekühlten Erbsen ins Wasser. Lass das Gemüse 5 Minuten köcheln.

9. Stell den geschmorten Reis wieder auf die heiße Kochstelle und gieß langsam die heiße Brühe mit dem Gemüse zum Reis. Füg danach das Safranpulver hinzu und schließ die Pfanne mit dem Deckel.

10. Nach einigen Minuten rührst du den Reis mit dem Gemüse um. Nach 10 Minuten legst du die gewürzten Fischstücke und die Garnelen auf den Reis und lässt alles noch einmal 10 Minuten köcheln.

11. Inzwischen kannst du die grünen Stielansätze der Tomaten entfernen und sie in Würfel schneiden. Gib sie mit dem Pfeffer zu den Fischen.

12. Die süße Sahne verrührst du in dem Messbecher mit dem gewaschenen und geschnittenen Dill, den Schnittlauchröllchen und den abgeschnittenen Kresseblättchen.

13. 20 Minuten sind nun endlich um. Die Fischpfanne ist fertig! Gieß die Kräutersahne darüber, misch alles vorsichtig und servier dein leckeres Reisgericht direkt aus der Pfanne.

Gefüllte Paprikaschoten

Für 2 Reisbeißer

Diese Küchengeräte sollten nicht fehlen:
- 1 Waage
- 1 Tasse
- 1 engmaschiges Sieb
- 1 Topf mit Deckel
- 1 Esslöffel
- 1 Küchenmesser
- 1 Schneidbrett
- 1 Schälchen
- 1 Auflaufform
- 1 Küchenpinsel
- 2 Topflappen

OHJE – SCHON WIEDER ZUGENOMMEN

1. Den abgewogenen Reis schüttest du in das Sieb und spülst ihn so lange unter kaltem Wasser, bis es fast klar ist.

2. Die vier Tassen Wasser gießt du in den Topf und gibst die gekörnte Brühe hinzu. Lege den Deckel auf den Topf und bring das Wasser zum Kochen. Dann kipp den Reis hinein, rühr einmal um, leg wieder den Deckel auf den Topf und lass den Reis 30 Minuten bei geringer Hitze garen.

3. Während der Reis kocht, schneidest du von den Schoten am Stielende einen Deckel ab. Außerdem entfernst du die weißen Innenstege und die Kerne. Die Tomaten schneidest du in kleine Würfel.

4. Das Brötchen legst du in etwas lauwarmes Wasser. In der Zwischenzeit schälst du die Zwiebel.

Das sind die Zutaten:
60 g Naturreis
4 Tassen Wasser
1 TL gekörnte Brühe
2 rote oder gelbe Paprikaschoten
1 Tomate
½ Brötchen
½ Zwiebel
300 g Rinderhack
1 Eigelb
½ EL Butter

½ TL Salz
etwas Pfeffer aus
der Mühle

5. Nach 30 Minuten kippst du den Reis ins Sieb und lässt ihn abtropfen.

6. Misch das Fleisch anschließend mit dem Reis, den Zwiebelwürfeln, dem mit der Hand ausgedrückten Brötchen, dem Eigelb, den Tomatenwürfeln und den Gewürzen.

7. Heiz den Backofen auf 180 Grad (Gas: Stufe 2) vor. Füll das Fleisch in die Schoten, die du dann in eine ausgefettete Auflaufform setzt.

8. Die Form stellst du in den Backofen, und zwar auf den Rost in der zweiten Einschubleiste von unten. Dann etwa 40 Minuten backen.

9. Sobald die Zeit um ist, greifst du dir zwei Topflappen und holst deine Paprikaschoten aus dem Ofen. Wenn du willst, kannst du sie auch noch kurz mit Käse überbacken. Alfred findet diese Art der Paprikazubereitung total genial.

Reissalat à l'Alfred

Für 4 Reisbeißer

Diese Küchengeräte sollten nicht fehlen:
1 Tasse
1 engmaschiges Sieb
1 Topf mit Deckel
1 Kochlöffel
1 Messbecher
1 Teelöffel
1 Esslöffel
1 Küchenmesser
1 Schneidbrett
1 Dosenöffner
1 Zitruspresse
1 große Schüssel
1 kleines Schälchen
1 Gabel
1 Küchenschere

1. Den Reis musst du, wie auf Seite 74 beschrieben, waschen.

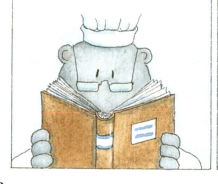

2. Dann misst du das Wasser ab, gießt es in den Topf, fügst die gekörnte Brühe hinzu, legst den Deckel obendrauf und bringst das Wasser zum Kochen.

3. Sobald es sprudelt, kippst du den Reis hinein, schließt den Topf mit dem Deckel und schaltest die Temperatur etwas niedriger. Lies auf der Packung, wie lange du den Reis, gemischt mit Wildreis (das sind die schwarzen Stäbchen), kochen musst.

4. Sobald der Reis gar ist, schüttest du ihn ins Sieb und lässt das Wasser gut abtropfen.

5. Von den Frühlingszwiebeln verwendest du, wie beim Lauch, nur den weißen und hellgrünen Teil. Die dünnen Wurzeln und die oberen dunklen Teile werden nicht gebraucht. Dann schneid die zarten Frühlingszwiebeln in dünne Scheiben und leg sie in die große Salatschüssel.

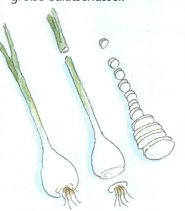

6. Aus den beiden Paprikahälften entfernst du die weißen Innenstege und die Kerne. Wasch beide Hälften kurz unter kaltem Wasser und schneid sie in kleine Würfel. Gib die Würfel zu den Frühlingszwiebeln.

Das sind die Zutaten:
1 Tasse Langkornreis, gemischt mit Wildreis
1 l Wasser
2 TL gekörnte Brühe
1 Bund Frühlingszwiebeln
½ rote Paprikaschote
½ grüne Paprikaschote
1 kleine Dose Ananas
1 kleine Dose Erbsen
1 Dose Mangofruchtfleisch
3 Orangen
3 EL Essig
4 EL Olivenöl
2 EL süße Sahne
¼ TL Salz
etwas Pfeffer aus der Mühle
1 TL flüssiger Honig
4 EL gehackte Mandeln
1 Kästchen Kresse

REISSALAT À LA ALFRED KANN ICH NUR EMPFEHLEN!

7. Nun müssen die drei Dosen geöffnet werden. Dabei hilft dir bestimmt jemand.

8. Fisch die Ananas aus der Dose und schneid sie klein. Gib sie mit den abgegossenen Erbsen in die große Salatschüssel.

9. Das aromatische Mangofleisch musst du ebenfalls würfeln und in die Salatschüssel geben.

10. Nun gib den Reis auch dazu und rühr alles um.

11. Für die Sauce halbierst du die Orangen und drückst den Saft mit der Zitruspresse aus. Hinein in das kleine Schälchen damit! Gieß nun den Essig, Olivenöl und die Sahne dazu. Dann würz die Sauce mit Salz, etwas Pfeffer und Honig.

12. Verrühr alles, schütt die Sauce über die Salatzutaten und streu die Mandeln darüber.

13. Schneid zum Schluss die Kresseblättchen mit der Küchenschere über den fertigen Salat.

PRAKTISCH, ODER?

Wär das nicht ein toller Salat für deine nächste Geburtstagsparty?

Tolles aus der knubbeligen Knolle

Die Kartoffel, dieses unscheinbare braune Ding, ist ein wahres Kraftpaket unter rauher Schale. In ihr steckt fast alles, was der Mensch an Nährstoffen täglich braucht.
Viele 100 Jahre, bevor bei uns Kartoffeln angebaut wurden, ernährten sich die Inka im fernen Peru von dem Stärke haltigen Erdapfel. Als mutige Abenteurer die ersten Kartoffelpflanzen übers Meer von Südamerika nach Europa brachten, gedieh sie nur in botanischen Gärten und erfreute die vornehmen Damen mit ihren duftenden Blüten. Erst seit 250 Jahren dampfen auch in Deutschland Kartoffeln auf dem Teller. Schnell sprach es sich herum, dass diese knubbelige Knolle nicht nur gut schmeckt, sondern obendrein sättigt und gesund ist. Was du alles aus ein paar Kartoffeln zaubern kannst, zeigt dir gleich Alfred.

Kartoffelpuffer mit Apfelmus

Für 2 Kartoffelfreaks

Diese Küchengeräte sollten nicht fehlen:
1 Sparschäler
1 Küchenmesser
1 Schneidbrett
1 Reibe
1 große Schüssel
1 Esslöffel
1 große Pfanne
1 Pfannenwender
1 Topf mit Deckel
1 Kochlöffel

SO SIEHT EIN SPAR-SCHÄLER AUS!

1. Zuerst wäschst du die Kartoffeln unter kaltem Wasser ab, dann schälst du sie mit dem Sparschäler und wäschst sie anschließend nochmals.

2. Von der Zwiebel ziehst du mit dem kleinen Messer die Haut ab. Nun legst du die Reibe über die Schüssel und raspelst nicht zu fein die Kartoffeln und die Zwiebel in die Schüssel.

3. Du wirst sehen, wie die geraspelten Kartoffeln langsam immer dunkler werden. Das ist nicht schlimm. Du kannst die Kartoffeln auch in eine Schüssel mit kaltem Wasser reiben. Dann verfärben sie sich zwar nicht, aber du musst sie dafür nach der Arbeit gut ausdrücken und in eine andere Schüssel legen.

4. Egal, für welche Art du dich entscheidest, sobald du alle Kartoffeln geraspelt hast, streust du das Salz über sie. Dann schlag die beiden Eier am Schüsselrand auf und lass sie in die Schüssel gleiten. Gib das Mehl darüber und mische alles sehr gründlich.

Das sind die Zutaten:
Puffer:
600 g mehlig kochende Kartoffeln
1 Zwiebel
1/2 TL Salz
2 kleine Eier
3 EL Mehl
4 EL Öl oder
2 EL Butterschmalz

Apfelkompott:
3 Äpfel
8 EL Apfelsaft
3 EL Zucker

5. Jetzt gießt du zwei Esslöffel Öl (oder einen Esslöffel Butterschmalz) in die Pfanne und erhitzt es. Sobald es heiß ist, musst du die Temperatur etwas verringern, damit die Puffer nicht verbrennen.

6. Mit einem Esslöffel gibst du etwas Teig in das heiße Fett und drückst ihn zu flachen, handtellergroßen Plätzchen. Je nachdem, wie groß deine Pfanne ist, kannst du drei oder vier Puffer auf einmal backen.

7. Wenn die Unterseite der Puffer goldbraun ist, drehst du sie mit dem Pfannenwender um und brätst sie auf der anderen Seite auch goldgelb. Eventuell musst du noch etwas Öl oder Butterschmalz in die Pfanne geben. So backst du nacheinander alle Puffer.

8. Natürlich kannst du gekauftes Apfelkompott verwenden, aber selbst gekochtes ist auch eine feine Sache. Teil zunächst die Äpfel in vier Teile und entfern das Kerngehäuse und die Schale.

9. Nun kannst du die Apfelstücke würfeln. Leg sie in den Topf, füg den Apfelsaft sowie den Zucker hinzu und bring alles zum Kochen.

10. Pass auf, dass die Äpfel nicht anbrennen. Wenn sie kochen, legst du den Deckel auf den Topf, wartest 3 Minuten, dann stellst du den Topf neben den Herd.

11. Nach 10 Minuten sind die Äpfel bereits schön weich. Das fertige Kompott kannst du warm oder kalt (dann bereitest du es ein paar Stunden vor den Kartoffelpuffern zu) essen.

Gefüllte Ofenkartoffeln

Für 2 Kartoffelfreaks

Diese Küchengeräte sollten nicht fehlen:
1 Topf mit Deckel
1 Küchenmesser
1 Schneidbrett
1 Esslöffel, 1 Gabel
1 Kochlöffel
1 Teelöffel
1 Küchenpinsel
1 Auflaufform
2 Topflappen
2 große Teller

1. Zuerst musst du die Kartoffeln unter fließendem kalten Wasser abwaschen. Dann legst du sie ungeschält in den Topf und gießt so viel Wasser darüber, dass sie zur Hälfte damit bedeckt sind. Leg den Deckel auf den Topf und koch die Kartoffeln 15 Minuten.

2. Jetzt schütt das Kartoffelwasser ab und lass die Erdäpfel abkühlen.

3. Inzwischen kannst du die Füllung für die Kartoffeln zubereiten: Schäl die Zwiebel mit dem kleinen Messer, halbier sie und schneid sie auf dem Brett in dünne Scheiben.

4. Von den Champignons schneidest du die Hälfte der schmutzigen Füße weg, wäschst die Pilze kurz unter kaltem Wasser und schneidest sie anschließend in dünne Scheiben.

5. Die beiden Paprikaschoten halbierst du, entfernst die weißen Innenstege und die Kerne. Nun musst du die Paprikahälften waschen. Dann schneidest du sie in kleine Würfel.

6. Die Kartoffeln sind jetzt so weit abgekühlt, dass du sie auf dem Schneidbrett der Länge nach einmal durchschneiden kannst. Den Kartoffelkochtopf spülst du danach gut ab.

Das sind die Zutaten:
- 4 Kartoffeln (etwa 600 g)
- 1 Zwiebel
- 200 g Champignons
- 1 rote Paprikaschote
- 1 grüne Paprikaschote
- 2 EL Olivenöl, 5 EL Wasser
- 1 TL körnige Brühe
- 1 TL getrockneter Thymian
- 2 EL saure Sahne
- 1 Kugel Mozzarella
- 1 EL Butter oder Margarine
- 2 Stengel Petersilie

7. Erhitz nun in dem Topf das Olivenöl und gib die Zwiebeln, die Champignons und die Paprikawürfel hinein. Jetzt füg das Wasser, die gekörnte Brühe und den getrockneten Thymian hinzu. Schließ nun den Topf, und lass das Gemüse 15 Minuten bei mittlerer Hitze köcheln.

8. Inzwischen kannst du mit einem Teelöffel das Innere aus den Kartoffeln herauslöffeln. Dabei musst du einen Rand stehen lassen. Schalt den Backofen jetzt auf 180 Grad (Gas: Stufe 2).

9. Das Kartoffelinnere drückst du auf dem Schneidbrett zu Mus und gibst es dann zu dem Gemüse. Rühr die saure Sahne hinein und füll alles in die ausgehöhlten Kartoffeln.

10. Dann schneid den Mozzarella in möglichst dünne Scheiben und leg diese sorgfältig auf die gefüllten Kartoffeln.

11. Mit dem Küchenpinsel fettest du die Auflaufform ein und setzt die Kartoffeln hinein. Dann ab damit in den heißen Backofen! Nach 15 Minuten ist der Käse verlaufen, und du kannst die gefüllten Ofenkartoffeln auf den beiden Tellern anrichten.

Kartoffel-auflauf

Für 2 Kartoffelfreaks

Das sind die Zutaten:
500 g gekochte Pellkartoffeln
100 g gekochter Schinken
1 EL Butter
125 g Sahne, 2 Eier
¼ TL Salz, Pfeffer
1 Msp. Muskatnuss
100 g geriebener Gouda
Butterflöckchen

Diese Küchengeräte sollten nicht fehlen:
1 Topf
1 Küchenmesser
1 Schneidbrett
1 Rührbecher, 1 Gabel
1 flache Auflaufform
1 Küchenpinsel
1 Teelöffel

1. Du gehst genauso vor, wie auf Seite 82 beschrieben. Nur diesmal schälst du die Kartoffeln vorher nicht und lässt sie etwa 30 Minuten kochen. Dann musst du die Schale abziehen.

2. Nun kannst du die kalten Kartoffeln in dünne Scheiben schneiden. Den Schinken schneidest du zuerst in schmale Streifen und dann in kleine Würfel.

3. Mit dem Küchenpinsel fettest du die Auflaufform ein. Dann heizt du den Backofen auf 200 Grad (Gas: Stufe 3) vor.

4. Die süße Sahne verrührst du mit der Gabel in dem Becher zusammen mit den aufgeschlagenen Eiern, dem Salz, Pfeffer und etwas Muskatnuss.

5. Nun kannst du die Zutaten in die Form schichten. Leg

zuerst auf den Boden der Auflaufform eine Schicht Kartoffeln, darüber streust du

ein paar Schinkenwürfel und etwas Käse, darauf folgt wieder eine Schicht Kartoffeln, Schinken und Käse. Die letzte Schicht besteht aus Kartoffelscheiben. Zum Schluss gießt du die Sahne darüber und legst ein paar Butterflöckchen obendrauf. Dann 30 Minuten backen.

Kartoffel-plätzchen

Für 2 Kartoffelfreaks

Das sind die Zutaten:
500 g mehlig
kochende Kartoffeln
1 Zwiebel
1 TL Öl
6 gehäufte EL Mehl
½ TL Salz
1 Eigelb
1 Bund Petersilie
2 EL Butterschmalz
oder
4 EL Öl zum Braten

Diese Küchengeräte sollten nicht fehlen:
1 Topf mit Deckel
1 Küchenmesser
1 Schneidbrett
1 kleine Bratpfanne
1 Kochlöffel, 1 Teelöffel
1 Esslöffel, 1 große Schüssel
1 Kartoffelpresse
1 Küchenschere
1 große Bratpfanne
1 Pfannenwender
2 große Teller

1. Zuerst wäschst du die Kartoffeln unter kaltem Wasser, dann legst du sie in den Topf und gießt so viel kaltes Wasser darauf, dass die Kartoffeln zur Hälfte im Wasser liegen. Deckel auf den Topf, und alles 25 Minuten kochen lassen.

2. Während die Kartoffeln kochen, schälst du die Zwiebel, halbierst sie und schneidest die Hälften in kleine Würfel. Erhitz das Öl in der kleinen Pfanne und gib die Zwiebeln hinzu. Lass die Zwiebelwürfel 2 Minuten schmoren. Aber achte darauf, dass sie nicht braun werden. Danach in die große Schüssel tun.

3. Wenn die Kartoffeln weich sind, gieß sie in den Ausguss, lass sie etwas abkühlen und zieh die Haut ab. Dann drückst du sie durch die Kartoffelpresse direkt zu den Zwiebeln.

4. Jetzt streust du das Mehl über den Kartoffelschnee, fügst Salz und das Eigelb hinzu. Die gewaschene Petersilie schneidest du mit der Küchenschere direkt über die Kartoffeln.

5. Mit dem Kochlöffel musst du die Kartoffelmasse gut mischen.

Ist die Masse zu weich, dann füg noch etwas Mehl hinzu. Jetzt kannst du knapp handtellergroße Plätzchen formen.

6. Erhitz in der Pfanne einen Esslöffel Butterschmalz oder zwei Esslöffel Öl und leg so viele Plätzchen wie möglich in die Pfanne. Bei mittlerer Hitze brätst du die Kartoffelplätzchen auf jeder Seite ungefähr 3 bis 4 Minuten, bis sie schließlich goldgelb sind.

Hühnerspieße mit Bratkartoffeln

Für 2 Kartoffelfreaks

"ALFRED, HIER FEHLEN NOCH DIE BRATKARTOFFELN!"

Diese Küchengeräte sollten nicht fehlen:
etwas Küchenpapier
1 Küchenmesser
1 Schneidbrett
2 Schaschlikspieße
1 flacher Teller
1 Küchenpinsel
1 große Pfanne mit Deckel
1 Esslöffel
1 große Pfanne
1 Pfannenwender
2 große Teller

1. Das Fleisch wäschst du kurz unter kaltem Wasser, danach tupfst du es mit etwas Küchenpapier trocken. Nun schneid das Fleisch in gleichmäßig große Würfel.

2. Aus den Paprikahälften entfernst du die weißen Innenstege und die Kerne. Dann musst du das Gemüse waschen und in Würfel schneiden, die so groß sind wie die Fleischwürfel.

3. Nun schneidest du von den Champignons die Hälfte der schmutzigen Füße ab, hälst die Pilzköpfe kurz unter kaltem Wasser und halbierst die Pilze.

4. Steck nun abwechselnd Fleisch, halbierte Pilze und Paprikawürfel auf die Spieße und leg sie auf den Teller.

5. Gib ein wenig Öl über die Spieße und verteil es mit dem Küchenpinsel, dann würzt du die Spieße mit etwas Salz, Pfeffer und ein wenig Majoran. Dreh sie um und mach hier das gleiche.

Das sind die Zutaten:
**1 doppeltes Hähnchenbrustfilet
½ rote Paprikaschote
½ gelbe Paprikaschote
½ grüne Paprikaschote
6 große Champignons
2 EL Öl
Salz
Pfeffer aus der Mühle
etwas getrockneter Majoran
3 EL Öl oder Butterschmalz
500 g gekochte fest kochende Kartoffeln
1 Zwiebel
3 EL Butterschmalz
etwas Kümmel**

BRATKARTOFFELN KOMMEN SCHON!

6. In der Pfanne mit Deckel erhitzt du das Öl oder das Butterschmalz und legst die Spieße hinein. Deckel auf die Pfanne. Nach 3 Minuten drehst du die Spieße mit dem Pfannenwender um und brätst sie auf der anderen Seite ebenfalls 3 Minuten.

7. Für die Bratkartoffeln brauchst du Pellkartoffeln, die einen Tag zuvor gekocht wurden. Zieh die Haut von den Kartoffeln ab und schneid sie in dünne Scheiben.

8. Nun schäl die Zwiebel, schneid sie in zwei Hälften und anschließend in kleine Würfel.

9. Erhitz das Butterschmalz in der Pfanne und gib die Kartoffelscheiben dazu. Sobald die Unterseite der Kartoffeln goldbraun gebraten ist, wendest du sie mit dem Pfannenwender. Nun gib die Zwiebelwürfel dazu und achte darauf, dass die Kartoffeln nicht zu dunkel werden.

10. Wenn die Kartoffeln knusprig in der Pfanne liegen, würz sie mit etwas Salz und Kümmel oder etwas Pfeffer aus der Mühle.

11. Leg die gebratenen Hühnerspieße auf die beiden Teller und schaufel ein paar von den köstlich duftenden Kartoffeln daneben.

Pellkartoffeln mit Tzatziki

Für 2 Kartoffelfreaks

Das sind die Zutaten:
500 g fest kochende Kartoffeln
1 Msp. Salz
250 g Quark (20 % Fett)
1 Becher Jogurt
2 oder mehr Knoblauchzehen
1 kleine Salatgurke
½ TL Salz
etwas Pfeffer aus der Mühle

Diese Küchengeräte sollten nicht fehlen:
1 Topf mit Deckel
1 kleines Küchenmesser
1 mittelgroße Schüssel
1 Knoblauchpresse
1 Sparschäler
1 Reibe, 1 Teelöffel
1 Gabel
2 große Teller

1. Leg die Kartoffeln (sechs mittelgroße Knollen entsprechen ungefähr 500 Gramm) zuerst in den Topf, gieß kaltes Wasser darüber und rubbel die Erde von der Schale.

2. Dann bedeck die Kartoffeln zur Hälfte mit frischem Wasser, streu etwas Salz hinein, leg den Deckel auf den Topf und bring alles zum Kochen. Nun kannst du die Temperatur verringern und lässt die Kartoffeln 20 Minuten vor sich hin köcheln.

3. Nach 20 Minuten stichst du mit der Messerspitze in eine Kartoffel. Rutscht das Messer durch die Kartoffel wie durch ein Stück Butter, dann kannst du sie abgießen. Bohrt sich die Messerspitze jedoch nur schwer in die Kartoffel, dann lass sie noch weitere 5 Minuten kochen.

4. Während die Kartoffeln kochen, kannst du den Tzatziki (eine Jogurtcreme mit Knoblauch, die in Griechenland gegessen wird) zubereiten. Misch zuerst mit Hilfe einer Gabel den Quark und den Jogurt in einer Schüssel. Dann zieh mit dem kleinen Messer von den Knoblauchzehen (nimm so viele, wie du magst) die Haut ab und drück die Zehen durch die Presse direkt zum Quark.

5. Mit dem Sparschäler schälst du die Gurke und raspelst die Hälfte zum Quark. Die andere Hälfte schneidest du in dicke Scheiben. Nun würz die Creme mit Salz und Pfeffer und probier, ob sie dir schmeckt. Vielleicht fehlt noch etwas Salz. Verteil die Kartoffeln, den Tzatziki und die Gurkenscheiben auf die beiden Teller, dann kann das Essen beginnen.

BEIM RASPELN MUSST DU AUF DEINE FINGER AUFPASSEN!

Kartoffel-suppe

Für 2 Kartoffelfreaks

Das sind die Zutaten:
500 g Kartoffeln
½ TL Salz
400 ml Wasser
1 große Zwiebel
1 gelbe Paprikaschote
1 rote Paprikaschote
1 gehäufter TL gekörnte Brühe
1 Lorbeerblatt
150 g Cabanossi (geräucherte Brühwurst)
2 EL Crème fraîche
1 TL Paprikapulver
etwas Pfeffer aus der Mühle

Diese Küchengeräte sollten nicht fehlen:
1 Sparschäler
1 Teelöffel
1 Küchenmesser
1 Schneidbrett
1 Messbecher
1 Topf mit Deckel
1 Esslöffel, 1 Schöpfkelle
2 Suppenteller

1. Wasch die Kartoffeln zuerst unter kaltem Wasser, dann schäl sie mit dem Sparschäler.

2. Schneid die Kartoffeln in kleine Würfel und gib sie in den leeren Kochtopf. Nun streu das Salz darüber und gieß das abgemessene Wasser dazu. Leg den Deckel auf den Topf und lass die Kartoffeln 10 Minuten kochen.

3. Inzwischen schälst du die Zwiebeln, halbierst sie und schneidest sie in Würfel. Die Paprikaschoten musst du ebenfalls halbieren und die weißen Innenstege sowie die Kerne entfernen. Spül die Hälften kurz unter kaltem Wasser ab und schneid sie auch in Würfel.

4. Nach 10 Minuten gibst du die Zwiebel- und Paprikawürfel, die gekörnte Brühe und das Lorbeerblatt zu den Kartoffeln.

5. Inzwischen kannst du die Cabanossi in dünne Scheiben schneiden. Gib sie zu den Kartoffeln und lass alles weitere 10 Minuten kochen. Dann fischst du das Lorbeerblatt aus der Suppe und gibst die Crème fraîche, das Paprikapulver und etwas Pfeffer in die Suppe. Dann kannst du deine feine Kartoffelsuppe auf die beiden Suppenteller schöpfen.

ES GEHT NICHTS ÜBER EIN HEISSES SÜPPCHEN!

Kartoffel- püree mit Hähnchen- keulen

Für 2 Kartoffelfreaks

Das sind die Zutaten:
2 Hähnchenkeulen
Salz
2 EL Tomatenmark
1 EL flüssiger Honig
1 TL getrockneter Thymian
4 EL Olivenöl
500 g mehlig kochende Kartoffeln
1 TL Salz
1 Tasse Milch
3 EL Butter

Diese Küchengeräte sollten nicht fehlen:
etwas Küchenpapier
1 Bratpfanne, 1 Schälchen
1 Gabel, 1 Küchenpinsel
1 Teelöffel, 1 Esslöffel
1 Topf mit Deckel
1 Sparschäler
2 Topflappen
1 kleiner Topf
1 Kartoffelstampfer
1 Schneebesen
2 große Teller

1. Die Hähnchenkeulen wäschst du unter kaltem Wasser, tupfst sie mit etwas Küchenpapier trocken und reibst sie rundherum mit etwas Salz ein.

2. Das Tomatenmark mischst du mit dem Honig sowie dem Thymian in dem kleinen Schälchen und bestreichst damit die Keulen auf beiden Seiten. Dafür nimmst du den Küchenpinsel.

3. Erhitz das Öl in der Pfanne und brat die Keulen darin auf beiden Seiten insgesamt 30 Minuten.

4. Nun wasch die Kartoffeln, schäl sie mit dem Sparschäler und halbier sie. Dann gib sie in den Topf, füg das Salz hinzu und so viel Wasser, dass sie bis zur Hälfte bedeckt sind. Leg den Deckel auf den Topf, lass alles 30 Minuten kochen.

5. Während die Kartoffeln kochen, erhitzt du die Milch mit der Butter in dem kleinen Topf. Nach 30 Minuten gießt du die Kartoffeln ab, gibst die heiße Milch dazu und zerstampfst sie. Dann rührst du das Püree mit dem Schneebesen cremig und richtest es mit den leckeren Hähnchenkeulen auf zwei Tellern an.

JE MEHR DU RÜHRST, UM SO CREMIGER WIRD DAS PÜREE!

Kartoffel-stäbchen

Für 2 Kartoffelfreaks

Das sind die Zutaten:
500 g mehligkochende Kartoffeln
1 Eigelb
2–3 EL Mehl
2 Msp. Salz
etwas Mehl
2 EL Butterschmalz

Diese Küchengeräte sollten nicht fehlen:
1 Topf mit Deckel
1 Küchenmesser
1 Kartoffelpresse
1 Schüssel
1 Esslöffel
1 Kochlöffel
1 großes Schneidbrett
1 große Bratpfanne
1 Pfannenwender

1. Zuerst musst du die Kartoffeln unter kaltem Wasser waschen, dann gibst du sie ungeschält in den Topf und gießt so viel kaltes Wasser darüber, dass die Kartoffeln zur Hälfte damit bedeckt sind. Leg den Deckel auf den Topf und koch die Kartoffeln 30 Minuten. Dann schütt das Wasser über dem Ausguss ab.

2. Sobald die Kartoffeln etwas abgekühlt sind, kannst du sie schälen. Anschließend drückst du sie durch die Kartoffelpresse direkt in die Schüssel.

3. Nun schlag das Ei am Schüsselrand auf, das Eiweiß wird nicht gebraucht, das Eigelb lässt du direkt in die Kartoffelmasse laufen.

4. Jetzt gib zwei Esslöffel Mehl und das Salz dazu und misch alles mit dem Kochlöffel. Ist die Masse zu weich, füg noch etwas Mehl hinzu.

5. Nun form aus der Masse fingerlange und fingerdünne Stäbchen. Dazu rollst du sie kurz auf dem bemehlten Brett hin und her. Wenn dein Brett schließlich voller Kartoffelstäbchen ist, erhitzt du einen Esslöffel Butterschmalz in der Pfanne und brätst nacheinander die Stäbchen goldbraun.

Kartoffel-brei-auflauf

Für 4 Kartoffelfreaks

Das sind die Zutaten:
- 500 g mehligkochende Kartoffeln
- 2 Zwiebeln
- 500 g Champignons oder Austernpilze
- 2 EL Butter
- 1 TL Majoran
- ½ TL Salz
- 2 Msp. Muskatnuss
- 1 EL Butter
- 100 g Doppelrahm-Frischkäse mit Kräutern

Diese Küchengeräte sollten nicht fehlen:
- 1 Topf mit Deckel
- 1 Teelöffel, 1 Esslöffel
- 1 Küchenmesser
- 1 Schneidbrett
- 1 große Bratpfanne
- 1 Kochlöffel
- 1 Kartoffelpresse
- 1 Auflaufform
- 1 Küchenpinsel
- 2 Topflappen
- 1 Untersetzer

1. Wasch die Kartoffeln unter kaltem Wasser, gib sie ungeschält in den Topf und gieß so viel Wasser darauf, dass sie zur Hälfte bedeckt sind. Leg den Deckel auf den Topf und koch sie 30 Minuten.

2. Inzwischen schälst du die Zwiebeln, halbierst sie und schneidest sie auf dem Schneidbrett in Würfel. Von den Pilzen entfernst du die schmutzigen Füße, wäschst sie kurz unter kaltem Wasser und schneidest sie in dünne Scheiben.

3. Nun erhitz das Fett in der Pfanne, füg die Zwiebeln sowie die Pilze hinzu und lass alles 5 Minuten schmoren. Heiz den Backofen auf 200 Grad (Gas: Stufe 3) vor.

4. Jetzt schäl die Kartoffeln und drück sie durch die Kartoffelpresse direkt in den Topf. Dann gib Pilze und Gewürze dazu und rühr alles um.

5. Streich mit dem Küchenpinsel die Auflaufform ein, füll den Kartoffel-Pilz-Brei hinein streich die Oberfläche mit dem Rücken des Esslöffels glatt und leg mit dem Teelöffel den Frischkäse in Flöckchen obendrauf.

6. Schieb den Auflauf für 25 Minuten in den heißen Backofen. Danach holst du ihn mit den Topflappen heraus und stellst ihn auf einen Untersetzer. Jetzt kannst du servieren.

Fruchtiger Kartoffelsalat

Für 4 Kartoffelfreaks

Das sind die Zutaten:
500 g gekochte Pellkartoffeln
500 g feste Birnen
125 g Butterkäse
5 EL Crème fraîche
125 g Jogurt
½ Zitrone
2 EL gehackter Dill
1 TL flüssiger Honig
Salz
etwas Pfeffer aus der Mühle

Diese Küchengeräte sollten nicht fehlen:
1 Küchenmesser
1 Schneidbrett
1 Esslöffel
1 Teelöffel
1 Schälchen
1 Zitruspresse
1 große Schüssel
1 Salatbesteck

1. Falls die Kartoffeln vom Vortag noch nicht geschält sind, ziehst du die Haut ab und schneidest die Kartoffeln zuerst in dicke Scheiben und danach in kleine Würfel. Leg diese Würfel in die große Schüssel.

2. Nun viertel die Birnen, schneid das Kerngehäuse heraus und schäl die Früchte. Dann schneidest du sie in ebenso große Würfel wie die Kartoffeln. Gib sie zu den Kartoffelwürfeln.

3. Den Butterkäse schneidest du in ebenso große Würfel wie die Kartoffeln und Birnen. Gib auch sie in die große Schüssel.

4. Für die Sauce misch in dem Schälchen die Crème fraîche mit dem Jogurt. Drück die halbe Zitrone auf der Zitruspresse aus und schütt den Saft ins Schälchen. Füg nun den Dill, den Honig, eine Prise Salz und etwas Pfeffer hinzu, rühr alles gut um und gieß die Sauce über sämtliche Zutaten.

5. Misch alle Zutaten mit Hilfe des Salatbestecks und lass das Ganze 30 Minuten ziehen. Danach probierst du, ob noch etwas fehlt.

GLEICH KÖNNEN WIR ESSEN!

Jeden Tag und immer wieder: Suppen und Salate

Du bist doch nicht etwa ein Suppenkasper, der immerzu ruft: „Nein, meine Suppe ess ich nicht." Die Suppen von Alfred sind nämlich alle eine Wucht! Es macht Spaß, sie zuzubereiten. Und sie wärmen beim Essen so schön den Bauch – bis auf das kalte Jogurtsüppchen, das dich bei hochsommerlicher Hitze richtig cool erfrischt. Salate und Möhren, das weiß doch jedes Kind, sind nicht nur für Hasen ein gesundes Fressen. Sie schmecken zu jeder Mahlzeit, sind lecker und wahre Muntermacher. Komm mit, Alfred zeigt dir, wie's gemacht wird.

Tomatensuppe mit Grünkernklößchen

Für 4 Suppenkasper

Diese Küchengeräte sollten nicht fehlen:
1 Esslöffel
1 Teelöffel
1 Kochlöffel
1 Küchenmesser
1 Schneidbrett
1 mittelgroße Schüssel
1 kleine Schüssel
1 elektrischer Küchenquirl
1 Topf mit Deckel
1 Tasse
1 engmaschiges Sieb
1 mittelgroßer Kochtopf
1 Schöpfkelle
4 Suppenteller

1. Für die Suppe schälst du die Zwiebel und die Knoblauchzehe und schneidest beide auf dem Schneidbrett in Scheiben.

2. Erhitz in dem Topf das Olivenöl und gib die Zwiebeln und den Knoblauch sowie das Lorbeerblatt hinein. Lass alles bei kleiner Hitze köcheln.

3. Inzwischen hast du die Tomaten unter kaltem Wasser gewaschen und in grobe Würfel geschnitten. Diese Tomatenwürfel kommen zu den Zwiebeln in den Topf. Erhöh nun die Temperatur und füg das Wasser sowie die gekörnte Brühe hinzu.

4. Lass die Tomaten 20 Minuten kochen. Nun leg das Sieb über den neuen Topf und gieß die Tomatensuppe hinein. Dabei musst du mit dem Kochlöffel die Tomaten durch das Sieb drücken. Würz die Suppe mit dem Tomatenketschup, dem Zucker und etwas Pfeffer.

5. Probier deine Suppe, ob vielleicht noch etwas Salz oder Pfeffer fehlt.

6. Nun bereitest du die Klößchen zu. Misch in der Schüssel die weiche Butter mit dem Quark, dem Grünkernmehl (oder dem Grieß), dem Kräutersalz, einigen Umdrehungen aus der Pfeffermühle und dem Estragon. Ist die Masse zu weich, füg noch etwas Grünkernmehl oder Grieß hinzu.

Das sind die Zutaten:
1 kleine Zwiebel
1 Knoblauchzehe
2 EL Olivenöl
1 Lorbeerblatt
800 g Tomaten
1 TL gekörnte Brühe
1 Tasse Wasser
4 EL Tomatenketschup
2 Msp. Zucker
etwas Pfeffer aus der Mühle

2 EL weiche Butter oder Margarine
2 EL Kräuterquark (40 % Fett)
7–8 EL feines Grünkernmehl oder Grieß
¼ TL Kräutersalz oder normales Salz
1 TL getrockneter Estragon
1 Eiweiß

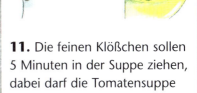

LECKER LECKER!

7. Nun schlag das Eiweiß mit dem elektrischen Küchenquirl sehr schaumig. Das geht so: Schlag das Ei am Schüsselrand in der Mitte der Schale auf und lass das Eiweiß in die kleine Schüssel rutschen (siehe Seite 113). Das Eigelb kannst du für ein anderes Gericht aufheben. Nun steck den elektrischen Küchenquirl mit den Rührbesen ins Eiweiß, den Stecker steckst du in die Steckdose und dann erst schaltest du das Gerät an. Nach einigen Minuten ist das Eiweiß fest und schaumig.

8. Schalt das Gerät wieder aus, zieh den Stecker heraus und nimm die Rührbesen aus dem Eiweiß. Halt sie gleich unter kaltes Wasser, damit das Eiweiß nicht fest klebt und du später nicht so lange spülen musst.

9. Gib nun das geschlagene Eiweiß auf die Klößchenmasse und heb es vorsichtig darunter. Wenn du rührst, platzen die Luftbläschen im Eischnee und die Klößchen werden hart. Stell die Schüssel am besten in den Kühlschrank.

10. Jetzt bringst du die Suppe wieder zum Kochen. Hol die Schüssel mit der Kloßmasse aus dem Kühlschrank, stich mit einem Esslöffel kleine Klößchen von der Masse ab und leg sie in die heiße Tomatensuppe.

11. Die feinen Klößchen sollen 5 Minuten in der Suppe ziehen, dabei darf die Tomatensuppe nicht mehr kochen.

12. Mit der Schöpfkelle schöpfst du die Suppe mit den Klößchen auf die vier Suppenteller. Das war zwar viel Arbeit, aber es hat sich doch gelohnt, oder? Alfred isst diese Suppe gern im August, wenn die Tomaten reif sind und besonders gut schmecken.

Flädle-suppe

Für 2 Suppenkasper

Diese Küchengeräte sollten nicht fehlen:
- 1 mittelgroße Schüssel
- 1 Messbecher
- 1 Schneebesen
- 1 Teelöffel, 1 Esslöffel
- 1 große Bratpfanne
- 1 Schöpfkelle
- 1 Pfannenwender
- 1 flacher Teller
- 1 Messer
- 1 Schneidbrett
- 1 Topf mit Deckel
- 2 Suppenteller

KEINE ANGST, FLÄDLESUPPE IST EINFACHER ZU KOCHEN, ALS DU DENKST!

1. Für Pfannkuchen, aus denen später die Flädle entstehen, mischst du in der Schüssel das Mehl mit dem Ei, Salz, Muskatnuss sowie dem Öl und gießt dann die abgemessene Milch darüber.

2. Mit dem Schneebesen verrührst du alle Zutaten zu einem glatten Teig. Lass ihn 15 Minuten ruhen und koch inzwischen die Suppe.

3. Das geht so: Gieß das abgemessene Wasser in den Topf, öffne die Packung mit dem gefrorenen Suppengrün und streu es ins Wasser. Nun gib noch die gekörnte Brühe dazu und leg den Deckel auf den Topf. Lass die Suppe 15 Minuten leicht kochen.

Das sind die Zutaten:
2 leicht gehäufte EL Mehl
1 kleines Ei
2 Msp. Salz
1 Msp. Muskatnuss
2 EL Maiskeimöl
150 ml Milch
½ l Wasser
1 P. TK-Suppengrün
2 TL gekörnte Brühe
2 EL Butterschmalz
1 EL Schnittlauchröllchen
1 EL Petersilie

4. Inzwischen backst du deine zwei Pfannkuchen. Gib einen Esslöffel Butterschmalz in die Pfanne und erhitz das Fett. Nun verringere etwas die Temperatur und gieß mit der Schöpfkelle die Hälfte des Teigs in die Pfanne. Dabei rüttelst du ein wenig die Pfanne hin und her, damit sich der Teig verteilt.

5. Nach ein paar Minuten schau mit Hilfe des Pfannenwenders unter den Pfannkuchen. Ist er goldgelb? Dann kannst du ihn mit dem Wender umdrehen. Übrigens: Nur Akrobaten im Zirkus können Pfannkuchen in die Luft werfen und wieder mit der Pfanne auffangen. Wenn der erste Pfannkuchen fertig ist, legst du ihn auf den flachen Teller, gibst wieder einen Esslöffel Butterschmalz in die Pfanne und bäckst den zweiten Pfannkuchen.

6. Roll die beiden Pfannkuchen wie eine Decke auf und schneid sie quer in dünne Flädle. Verteil diese auf die beiden Teller, gib die heiße Suppe darüber und bestreu zum Schluss das Ganze mit den geschnittenen Kräutern.

Möhrensuppe

Für 2 Suppenkasper

Das sind die Zutaten:
250 g Möhren
½ l Wasser
2 TL gekörnte Brühe
2 EL Petersilie

Diese Küchengeräte sollten nicht fehlen:
1 Waage
1 Sparschäler
1 Gemüsehobel
1 Messbecher
1 Esslöffel
1 mittelgroßer Topf mit Deckel
1 Schöpfkelle
2 Suppenteller

1. Zuerst wiegst du die Möhren ab, die du für die Suppe benötigst. Dann schälst du sie mit dem Sparschäler und hobelst sie auf dem Gemüsehobel (Gurkenhobel) in dünne Scheiben. Pass dabei gut auf deine Finger auf.

2. Nun miss das Wasser ab und gieß es in den Topf. Streu die gekörnte Brühe hinein und gib die Möhrenscheiben dazu. Eine Suppe schmeckt natürlich viel besser, wenn du eine selbst gekochte Fleisch- oder Gemüsebrühe verwendest. Vielleicht ist ja gestern etwas Brühe übrig geblieben. Frag einfach mal deine Eltern danach.

3. Leg den Deckel auf den Topf mit der Brühe und den Möhren und koch die Suppe 20 Minuten. Probier die Brühe, musst du noch nachwürzen?

4. Nun schöpf deine fertige Suppe mit der Kelle auf zwei Suppenteller und streu die gewaschene und klein geschnittene Petersilie dekorativ darüber.

Kalte Jogurtsuppe

Für 2 Suppenkasper

Das sind die Zutaten:
250 g Jogurt
100 g saure Sahne
½ Salatgurke
1 kleine Zwiebel
½ Bund Schnittlauch
½ Bund Petersilie
2 EL Dill, ½ Zitrone
2 Msp. Zucker
2 Msp. Salz
etwas Pfeffer
½ Glas Mineralwasser

Diese Küchengeräte sollten nicht fehlen:
1 große Schüssel
1 Schneebesen
1 Sparschäler
1 Reibe
1 Schneidbrett
1 Esslöffel
1 Küchenmesser
oder 1 Küchenschere
1 Zitruspresse
1 Teelöffel

1. Gib den Jogurt und die saure Sahne in die Schüssel und misch beides gut mit dem Schneebesen.

2. Jetzt schälst du die Salatgurke und die Zwiebel. Die Gurke raspelst du direkt in die Jogurt-Sahne-Mischung. Die Zwiebel schneidest du in zwei Hälften und würfelst sie auf dem Schneidbrett. Gib die Würfel ebenfalls in die Schüssel.

3. Wenn du alle Kräuter gewaschen hast, schneidest du sie auf dem Schneidbrett nicht zu fein (oder du verwendest eine Küchenschere, damit kannst du die Kräuter am einfachsten zerkleinern). Jetzt rühr den Schüsselinhalt einige Male gut um.

4. Von der halben Zitrone drückst du den Saft auf der Zitruspresse aus und gießt ihn in die Schüssel. Würz das Süppchen mit etwas Zucker, Salz und Pfeffer.

5. Mit einem Teelöffel probierst du, ob der Geschmack angenehm und lecker ist. Fehlt vielleicht noch ein Körnchen Salz oder etwas Zitronensaft? Dann würz nach.

6. Vor dem Essen stellst du die Jogurtsuppe für mindestens 30 Minuten in den Kühlschrank. Wenn du das Mineralwasser hineingegeben hast, kannst du servieren.

Endivien-Apfel-Salat

Für 2 Salatfutterer

Das sind die Zutaten:
½ Kopf Endiviensalat
1 Zwiebel
3 EL Mandelstifte
1 Apfel
125 g Jogurt
½ Orange
¼ TL Knoblauchsalz
oder normales Salz
etwas Pfeffer
aus der Mühle

Diese Küchengeräte sollten nicht fehlen:
1 großes Sieb
1 Küchenmesser
1 Schneidbrett
1 Esslöffel
1 Teelöffel
1 Gabel
1 Zitruspresse
1 großer Teller
1 kleine Schüssel

1. Von dem halben Endiviensalat entfernst du die äußeren Blätter und den festen Strunk. Dann schneidest du den Salat quer in schmale Streifen und legst diese in das Sieb. Nun halt das Sieb unter kaltes Wasser und wasch den Salat. Lass ihn dann gut abtropfen.

2. Leg den Salat auf den großen Teller. Schäl die Zwiebel, schneid sie in zwei Hälften und würfel sie. Nun streu die Zwiebelwürfel und die Mandelstifte über den Salat.

3. Jetzt musst du den Apfel waschen, danach schneidest du ihn in vier Stücke und entfernst das ungenießbare Kerngehäuse. Die Apfelviertel schneidest du in dünne Scheiben und legst sie auf den Salat.

4. Für die Sauce verrührst du in der kleinen Schüssel den Jogurt mit der Gabel. Dann drückst du den Saft der halben Orange aus und gießt ihn dazu. Würz die Sauce mit Knoblauchsalz (oder normalem Salz) und Pfeffer.

5. Gieß die Jogurt-Orangen-Sauce über den großen Salatteller. Fertig ist der fruchtige Wintersalat für besonders Hungrige.

Tomaten-salat

Für 2 Salatfutterer

Das sind die Zutaten:
300 g Tomaten
1 kleine Zwiebel
3 EL Olivenöl
1 EL Dosenmilch
1 EL Zitronensaft
3 Msp. Knoblauchsalz
 oder normales Salz
 2 Msp. Zucker
  etwas Pfeffer aus
der Mühle
1 Kästchen Kresse
½ Bund Schnittlauch

Diese Küchengeräte sollten nicht fehlen:
1 Küchenmesser
1 mittelgroße Salatschüssel
1 Schneidbrett
1 Küchenschere
1 Esslöffel
1 Zitruspresse
1 Gabel

1. Zuerst wäschst du die Tomaten unter kaltem Wasser, dann lässt du sie abtropfen. Schäl die Zwiebel, schneid sie in zwei Hälften und würfel sie.

2. Inzwischen rührst du in der Schüssel die Sauce an. Misch das Olivenöl mit der Dosenmilch. Drück aus einer halben Zitrone etwas Saft aus und miss davon einen Esslöffel ab, den du zum Öl gibst. Würz die Sauce mit den Zwiebelwürfeln, dem Knoblauchsalz und Zucker sowie einigen Umdrehungen aus der Pfeffermühle.

3. Die abgetropften Tomaten schneidest du in vier Teile. Nun kannst du die bitteren grünen Stielansätze wegschneiden. Anschließend schneidest du die Tomaten noch einmal längs durch oder, wenn sie recht groß sind, in mehrere dünne Spalten. Falls du es lieber magst, kannst du die Tomaten auch in Scheiben schneiden.

4. Leg die Tomaten in die Sauce und misch beides. Wasch die Kresse und den Schnittlauch unter kaltem Wasser, lass das Wasser gut abtropfen und schneid die Kresse und den Schnittlauch mit der Küchenschere direkt über die Tomaten. Zum Schluss musst du alles noch einmal gründlich mischen.

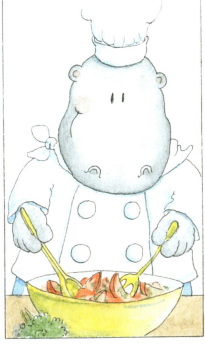

Grüner Salat mit Banane

Für 2 Salatfutterer

Das sind die Zutaten:
1 kleiner Kopfsalat
1 Banane
½ Zitrone
150 g Sahnejogurt
1 TL flüssiger Honig
3 Msp. Kräutersalz oder normales Salz
etwas Pfeffer aus der Mühle
einige Stengel Petersilie

Diese Küchengeräte sollten nicht fehlen:
1 Sieb
1 große Salatschüssel
1 Zitruspresse
1 Teelöffel
1 Küchenmesser
1 Schneidbrett
1 Gabel
1 Küchenschere
1 Salatbesteck

1. Von dem Kopfsalat entfernst du die äußeren Blätter und zupfst die einzelnen Salatblätter in mundgerechte Stücke. Das heißt, dass die Salatblätter so groß sein sollen, dass sie bequem in deinen Mund passen. Leg die Blätter ins Sieb und wasch sie unter kaltem Wasser ab. Nun musst du sie gut abtropfen lassen.

2. Die Banane schälst du und schneidest sie auf dem Schneidbrett in dünne Scheiben.

3. Nun kannst du die Sauce anrühren. Das geht so: Drück den Saft aus der halben Zitrone aus und gieß ihn in die Salatschüssel. Nun füg den Jogurt, Honig, Salz und Pfeffer hinzu. Rühr gut um und gib die Salatblätter hinein.

4. Jetzt legst du die Bananenscheiben auf die Blätter und schneidest mit der Küchenschere einige gewaschene Petersilienblätter darüber. Misch deinen leckeren Salat noch einmal vorsichtig mit dem Salatbesteck. Danach solltest du bald mit dem Essen beginnen, damit die Salatblätter nicht zusammenfallen.

Apfel-Möhren-Salat

Für 2 Salatfutterer

Das sind die Zutaten:
250 g Möhren
1 Apfel
100 g frisches Sauerkraut
4 EL Rosinen
5 halbierte Walnüsse oder 14 Haselnüsse
125 g Jogurt
125 g saure Sahne
½ Zitrone
1 EL Honig

Diese Küchengeräte sollten nicht fehlen:
1 Sparschäler
1 Küchenmesser
1 Schneidbrett
1 Reibe
1 Waage
1 große Salatschüssel
1 Esslöffel
1 kleine Schüssel
1 Zitruspresse
1 Gabel

1. Für diese würzige und kernige Rohkost musst du zuerst die Möhren mit dem Sparschäler schälen und dann auf der Reibe direkt in die Schüssel fein raspeln. Gib auf deine Finger Acht, weil die Reiben oft sehr scharf und kratzig sind.

2. Den Apfel schälst du in einem Stück spiralförmig vom Stielansatz bis zur Blüte. Oder du teilst ihn in kleine Stücke und schälst ihn dann. Auch dieser nackte Apfel muss zu den Möhren fein geraspelt werden.

3. Wieg das Sauerkraut ab (am besten schmeckt's aus dem Fass) und gib es zu den Möhren. Nun fehlen nur noch die süßen Rosinen und die Walnüsse, die du vorher auf dem Schneidbrett grob geschnitten hast.

4. Für die Sauce mischst du in der kleinen Schüssel den Jogurt mit der sauren Sahne. Von der halben Zitrone drückst du auf der Zitruspresse den Saft aus und schüttest ihn ebenfalls in die kleine Schüssel. Nun rühr den flüssigen Honig hinein und gieß alles über die Salatzutaten. Diese Rohkost kannst du einige Zeit im Kühlschrank aufbewahren.

Bunter Feldsalat

Für 2 Salatfutterer

Das sind die Zutaten:
100 g Feldsalat
1 Tomate
¼ Salatgurke
1 dicke Scheibe Emmentaler
10 Haselnüsse
2 EL Sonnenblumenöl
3 EL Apfel- oder Orangensaft
1 EL Obstessig
3 Msp. Kräutersalz
oder normales Salz
etwas Pfeffer aus der Mühle

Diese Küchengeräte sollten nicht fehlen:
1 Sieb
1 Küchenmesser
1 Schneidbrett
1 Sparschäler
1 Esslöffel
1 Gabel
1 große Salatschüssel
1 kleine Schüssel
1 Salatbesteck

HEUTE GIBT ES FELDSALAT, DER IST SEHR GESUND!

1. Füll zuerst das Spülbecken oder eine Schüssel mit kaltem Wasser und wasch den Feldsalat dreimal in jeweils frischem Wasser. Feldsalat ist nämlich oft sehr sandig. Wenn der Salat sauber ist, legst du ihn zum Abtropfen ins Sieb.

2. Die gewaschene Tomate schneidest du in Viertel, entfernst den grünen Stielansatz und würfelst sie anschließend. Die Gurke schälst du mit dem Sparschäler, schneidest sie in dicke Scheiben und danach in kleine Würfel.

3. Den Käse würfelst du ebenfalls. Die Haselnüsse schneidest du auf dem Schneidbrett nicht zu fein. Jetzt kannst du den Feldsalat, die Tomaten- und Gurkenwürfel sowie die Haselnüsse in der Salatschüssel mischen.

MAL SEHEN, OB ALLES DA IST.

4. Für die Sauce verrührst du in der kleinen Schüssel mit der Gabel das Öl mit dem Saft, Obstessig, Kräutersalz und Pfeffer. Kurz vor dem Essen gießt du die Sauce über die Salatzutaten in der großen Schüssel und mischst alles noch einmal mit dem Salatbesteck.

Gemischter Sommersalat

Für 2 Salatfutterer

Das sind die Zutaten:
½ Kopfsalat
4 Radieschen
1 große Möhre
1 kleine Dose Gemüsemais
½ Bund Rucola oder Brunnenkresse
3 EL Sonnenblumenöl
2 EL Obstessig
1 TL Honig
3 Msp. Kräutersalz oder normales Salz
etwas Pfeffer

Diese Küchengeräte sollten nicht fehlen:
1 Sieb
1 Küchenmesser
1 Schneidbrett
1 Sparschäler
1 Reibe, 1 Esslöffel
1 Teelöffel
1 große Salatschüssel
1 kleine Schüssel
1 Gabel
1 Salatbesteck

1. Von dem halben Kopfsalat entfernst du die äußeren Blätter und zupfst den Salat in mundgerechte Stücke. Leg sie ins Sieb und halt es unter kaltes Wasser. Nun musst du die Salatblätter gut abtropfen lassen.

2. Von den leuchtend roten Radieschen entfernst du die langen, dünnen Wurzeln und die Blattansätze. Danach spülst du die Radieschen unter kaltem Wasser ab und hobelst sie auf dem Gemüsehobel direkt in die Salatschüssel.

3. Die Möhre schälst du mit dem Sparschäler, wäschst sie unter kaltem Wasser und raspelst sie direkt zu den Radieschenscheiben.

4. Falls du die Maisdose nicht allein öffnen kannst, hilft dir dabei bestimmt ein Erwachsener. Schütt den Mais ebenfalls in die Schüssel und füg die abgetropften Salatblätter hinzu.

5. Das halbe Bund Rucola oder Brunnenkresse wäschst du unter kaltem Wasser, lässt das Wasser abtropfen und zupfst die Blätter ebenfalls in die Salatschüssel.

6. Für die Sauce verrührst du in der kleinen Schüssel Öl, Obstessig, Honig, Salz und einige Umdrehungen aus der Pfeffermühle. Nun gieß die Sauce über den Salat und misch alles noch einmal mit dem Salatbesteck. Dazu schmeckt ein knuspriges Roggenbrötchen und ein Glas kühle Buttermilch.

SALAT, EINFACH, LECKER UND GESUND!

Zucchini-salat

Für 2 Salatfutterer

Das sind die Zutaten:
4 kleine Zucchini
½ rote Paprikaschote
3 EL Sonnenblumenöl
1 EL Obstessig
½ TL Senf
1 Knoblauchzehe
1 kleine Zwiebel
1 EL gehackter Dill
1 TL Honig
3 Msp. Kräutersalz
oder normales Salz
etwas Pfeffer aus der Mühle

Diese Küchengeräte sollten nicht fehlen:
1 Küchenmesser
1 Schneidbrett
1 Reibe
1 mittelgroße Salatschüssel
1 Esslöffel
1 Teelöffel
1 Gabel
1 kleine Schüssel
1 Knoblauchpresse

1. Zuerst wäschst du die Zucchini und die halbe Paprikaschote. Danach schneidest du von jedem Zucchino die Enden ab und entfernst aus der Paprikaschote die weißen Innenstege sowie die Kerne.

2. Die Zucchini hobelst du direkt in die Salatschüssel. Die Paprikaschote schneidest du in ganz feine, längliche Streifen. Gib sie zu den Zucchini in die Schüssel.

DAS SIEHT GUT AUS!

3. Für die Sauce verrührst du in der kleinen Schüssel das Öl mit dem Obstessig und dem Senf. Dann schälst du die Knoblauchzehe und die Zwiebel. Die Zehe drückst du durch die Knoblauchpresse direkt in die Sauce. Die Zwiebel schneidest du in zwei Hälften und würfelst sie anschließend.

4. Nun würz die Sauce mit Dill, Honig, Salz und Pfeffer und schütt sie über die Salatzutaten. Lass den Salat 30 Minuten durchziehen.

HOFFENTLICH IST BALD DIE HALBE STUNDE UM!

Eiersalat

Für 2 Salatfutterer

Das sind die Zutaten:
3 Eier
3 EL Salatmayonnaise
3 EL Sahnejogurt
1 TL Senf
1 EL Obstessig
100 g gekochter Schinken
½ Bund Schnittlauch

Diese Küchengeräte sollten nicht fehlen:
1 kleiner Topf mit Deckel
1 Eierstecher
1 Esslöffel, 1 Teelöffel
1 Eierschneider
1 Küchenschere
1 mittelgroße Salatschüssel

1. Zuerst musst du die Eier kochen. Dafür füll den Topf drei Viertel voll mit Wasser. Leg den Deckel auf den Topf und bring das Wasser zum Kochen.

2. Damit die Eier nicht platzen, stichst du sie am flachen Ende an. Sobald das Wasser kocht, legst du mit Hilfe eines Esslöffels ein Ei nach dem anderen in das kochende Wasser. Deckel drauf und 10 Minuten kochen lassen.

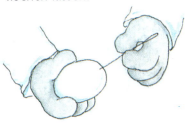

3. Nach 10 Minuten schüttest du das heiße Wasser ab und hältst den Topf unter kaltes Wasser, dabei zählst du bis zehn. Jetzt hast du die Eier richtig abgeschreckt, und deshalb kannst du sie nachher gut von ihrer kalkigen Schale befreien.

4. Während die Eier abkühlen, verrührst du in der Salatschüssel die Salatmayonnaise mit dem Jogurt und dem Obstessig. Den Schinken schneidest du mit der Küchenschere zuerst in Streifen und dann in Würfel. Gib diese in die Schüssel.

5. Den Schnittlauch spülst du unter kaltem Wasser ab und schneidest ihn in Röllchen – ebenfalls direkt in die Salatschüssel.

6. Nun klopf die Eier auf der Arbeitsplatte auf, schäl sie und schneid sie mit dem Eierschneider in Scheiben. Danach mischst du sie vorsichtig mit der Sauce.

Naschkätzchens supersüße Zuckerspeisen

Das kennst du bestimmt auch: Nach dem Mittagessen ist man satt und mag kein einziges Blatt mehr. Die letzte Kartoffel und ein Stück Brokkoli bleiben auf dem Teller liegen. Nichts geht mehr! Plötzlich steht eine Schüssel mit süßem Reis, ein kunterbunter Obstspieß, ein cremiger Schokoladenpudding oder gar ein Teller mit Spaghettieis vor dir auf dem Tisch. Augenblicklich melden sie sich wieder zu Wort – die Magennerven! Und auch der Gaumen schlägt vor Freude einen Purzelbaum. Alfred hat die süßesten, fruchtigsten und leckersten Zuckerspeisen für dich ausgewählt. Darunter findest du natürlich auch feine Sahnebonbons und ein tolles Schokoladenfondue. Vorhang auf!

Bunter Milchreis

Für 2 Naschkatzen

Das sind die Zutaten:
100 g Milchreis
½ l Milch
1 P. Vanillezucker
1 Streifen Zitronenschale
2 EL Zucker, 1 Msp. Salz
250 g gemischte Früchte wie Erdbeeren, Brombeeren, Himbeeren, Pfirsiche, Karambole (Sternfrucht)
1 EL Zucker

Diese Küchengeräte sollten nicht fehlen:
1 Waage
1 Messbecher
1 mittelgroßer Topf mit Deckel
1 Küchenmesser
1 Esslöffel
1 Kochlöffel
1 Sieb
1 Schneidbrett
1 mittelgroße Schüssel

1. Wenn du den Reis abgewogen hast, gießt du die abgemessene Milch in den Topf und erhitzt sie. Pass bitte auf, dass die Milch nicht überkocht. Deshalb bleib lieber bei der Milch stehen.

2. Sobald die Milch kocht, schüttest du den Reis hinein, streust den Vanillezucker darüber und schneidest von einer unbehandelten, möglichst heiß abgewaschenen Zitrone einen Streifen von der Schale ab. Gib ihn wie den Zucker und das Salz zum Reis, und lass alles 10 Minuten köcheln (dann wirft er Blasen). Ab und zu umrühren.

3. Nach 10 Minuten legst du den Deckel auf den Topf und lässt den Reis auf der ausgeschalteten Herdplatte 30 Minuten ausquellen.

4. Inzwischen wäschst du die Früchte und lässt sie in dem Sieb abtropfen. Himbeeren und Brombeeren bleiben ganz, von den Erdbeeren schneidest du den Stielansatz weg, der Pfirsich wird halbiert, entkernt und geschält, dann in Spalten geschnitten. Die Karambole, schneidest du in dünne Scheiben: Schon liegen viele hübsche gelbe Sterne vor dir.

5. Nun legst du die Früchte in die Schüssel und streust einen Esslöffel Zucker darüber. Wenn der Reis fertig ist, gibst du ihn in eine Schüssel und legst die Früchte obendrauf.

Grießauflauf mit Bananen

für 4 Naschkatzen

Das sind die Zutaten:
4 Eier
8 EL Zucker
250 g Jogurt
250 g süße Sahne
150 g Grieß
4 Bananen
3 EL Honig
1 EL Butter
3 EL Mandelblättchen
Puderzucker

Diese Küchengeräte sollten nicht fehlen:
- 1 große Schüssel
- 1 hoher Rührbecher
- 1 Waage
- 1 Küchenmesser
- 1 Schneidbrett, 1 Esslöffel
- 1 elektrischer Küchenquirl
- 1 mittelgroße Schüssel
- 1 Auflaufform
- 1 Küchenpinsel
- 2 Topflappen
- 1 großer, flacher Teller

1. Zuerst musst du die Eier trennen. Das geht so: Schlag jedes Ei vorsichtig am Rand des hohen Bechers auf und lass das Eiweiß in den Becher laufen. Kipp nun das Eigelb in die andere Eischale, damit auch das restliche Eiweiß herausfließt. Das Eigelb gibst du in die große Schüssel.

2. Mit dem elektrischen Küchenquirl (wie du damit arbeitest, steht in diesem Buch auf Seite 48) schlägst du das Eiweiß ganz schaumig. Heiz den Backofen auf 180 Grad (Gas: Stufe 2) vor.

3. Nun streu den Zucker über die Eigelbe und schlag beides mit dem elektrischen Küchenquirl sehr schaumig. Gib den Jogurt, die Sahne und den abgemessenen Grieß dazu und misch wieder alles.

4. Die geschälten Bananen schneidest du in Scheiben, legst sie in die kleinere Schüssel und verrührst sie mit dem Honig. Danach mischst du sie mit dem Grießbrei und hebst zum Schluss das steife Eiweiß darunter. Du darfst aber nicht rühren, sonst platzen die vielen Luftbläschen im Eiweiß.

5. Mit dem Küchenpinsel und etwas Butter fettest du die Auflaufform ein, streust die Mandeln auf den Boden und füllst die Grießmasse hinein. Dann ab damit in den heißen Ofen. Nach 45 Minuten holst du den Auflauf wieder heraus, stürzt ihn auf den großen Teller und stäubst Puderzucker darüber.

Haselnuss-puffer mit Kirschen

Für 2 Naschkatzen

Das sind die Zutaten:
250 g Magerquark
4 EL Zucker
1 P. Vanillezucker
6 EL Mehl
1 Ei
3 EL Milch
1 Glas Sauerkirschen
1 EL Speisestärke
1 EL Butterschmalz oder Öl
50 g gehackte Haselnüsse

Diese Küchengeräte sollten nicht fehlen:
1 große Schüssel
1 Schneebesen
1 Esslöffel
1 mittelgroße Bratpfanne
1 Pfannenwender
2 große Teller
1 kleiner Topf
1 Tasse, 1 Kochlöffel
2 kleine Teller

1. Für den Teig verrührst du mit dem Schneebesen den Quark mit dem Zucker sowie dem Vanillezucker, dem Mehl, dem Ei und der Milch.

2. Bevor du die Puffer backst, kochst du das Kirschkompott. Dafür schüttest du die Kirschen mit fast dem ganzen Saft in den Topf und bringst alles zum Kochen. Den restlichen Kirschsaft verrührst du in der Tasse mit der Speisestärke.

3. Wenn die Kirschen kochen, gießt du die angerührte Speisestärke hinein und lässt die Kirschen einmal aufkochen. Nun kannst du den Topf beiseite stellen.

4. Erhitz in der Pfanne einen Teelöffel Butterschmalz und gib vier Esslöffel Teig in die Pfanne. Rüttel die Pfanne hin und her, damit sich der Teig verteilt.

5. Nun kannst du ein paar Haselnüsse auf den Puffer streuen und streichst einen Esslöffel Teig darüber. Sobald die Unterseite des Puffers goldgelb ist, kannst du ihn wenden. Back so viele Puffer, bis der Teig verbraucht ist. Nun verteil die Haselnusspuffer auf die beiden Teller, streu die restlichen Haselnüsse darüber und gib etwas Kirschkompott dazu.

Spaghetti-eis

für 2 Naschkatzen

Das sind die Zutaten:
- 1 Orange
- 2 Kiwis
- 3 EL Orangensaft
- 1 TL Honig
- 125 g Erdbeereis
- 125 g Vanilleeis
- 1 EL gemahlene Mandeln

Diese Küchengeräte sollten nicht fehlen:
- Küchenmesser
- Schneidbrett
- kleines Schälchen
- Teelöffel
- Esslöffel, 1 Eislöffel
- Kartoffelpresse
- 2 kleine Teller

1. Die Orange schälst du wie einen Apfel und entfernst dabei auch die weiße, bittere Haut. Um den Saft aufzufangen, stellst du das kleine Schälchen unter deine Hände.

2. Dann schälst du die Kiwis. Orange und Kiwis schneidest du in dünne Scheiben und legst sie abwechselnd auf die beiden Teller.

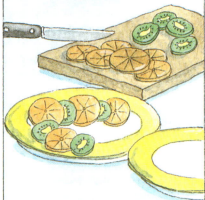

3. Den Orangensaft verrührst du mit dem Honig und gießt den Saft über die Früchte.

4. Mit dem Eislöffel oder einem Esslöffel holst du zuerst das Erdbeereis aus der Packung, gibst es in die Kartoffelpresse und drückst das Eis auf die Früchte. Das Gleiche machst du mit dem Vanilleeis. Zum Schluss streust du die gemahlenen Mandeln darüber.

Bunte Obstspieße mit Vanillesauce

Für 4 Naschkatzen

Das sind die Zutaten:
1 kg gemischte Früchte wie Erdbeeren, Nektarinen, Trauben, Ananas, Honigmelone, Kiwis
½ l Milch
1 P. Vanillesaucenpulver
3 EL Zucker
1 P. Vanillezucker

Diese Küchengeräte sollten nicht fehlen:
1 Küchenmesser
1 Schneidbrett
Holzspieße
1 großer, flacher Teller
1 Messbecher
1 mittelgroßer Topf
1 Schneebesen
1 Esslöffel
1 mittelgroße Schüssel

1. Zuerst wäschst du das Obst. Dann entfernst du Stielansätze, Kerne und Schalen. Danach schneidest du die Früchte in mundgerechte Stücke und spießt sie abwechselnd auf die Holzspieße. Diese Spieße legst du auf den großen Teller.

2. Für die Vanillesauce erhitzt du die abgemessene Milch, bis auf einen kleinen Rest, in dem Topf. Das Saucenpulver rührst du mit dem Zucker und dem Vanillezucker in der restlichen Milch glatt.

3. Sobald die Milch kocht, gießt du das angerührte Saucenpulver hinein, verrührst alles und lässt die Sauce einmal aufkochen, dann kippst du sie in die Schüssel.

4. Wie du das isst? Tauch einen Spieß in die Sauce und genieß das erste Stückchen Obst. Danach schiebst du das zweite Obststückchen nach oben und tauchst es wieder in die Sauce – bis alles alle ist.

GLEICH BIST DU DRAN, ANTONELLA!

Obstsalat

Für 2 Naschkatzen

Das sind die Zutaten:
- 1 Apfel
- 1 Birne
- 1 Banane
- 1 Kiwi
- 1 Babyananas
- ½ Zitrone
- 1 Orange
- 1 EL flüssiger Honig
- 1 EL Sonnenblumenkerne
- 1 EL Kokosflocken

Diese Küchengeräte sollten nicht fehlen:
- 1 Küchenmesser
- 1 Schneidbrett
- 1 mittelgroße Schüssel
- 1 Zitruspresse
- 1 Esslöffel
- 1 Tasse
- 1 Gabel

1. Den Apfel und die Birne wäschst du, danach schneidest du beide Früchte in vier Teile und entfernst das ungenießbare Kerngehäuse.

2. Jetzt schneid Apfel- und Birnenstücke in Würfel und gib sie in die Schüssel.

3. Nun musst du die Banane und die Kiwi schälen und in dünne Scheiben schneiden. Dann in die Schüssel legen.

4. Von der kleinen Ananas entfernst du den Schopf und den unteren Teil, dann schneidest du sie von oben nach unten in vier Teile. Jetzt kannst du sie leichter schälen. Danach machst du aus den Vierteln dünne Scheiben.

5. Misch das zerkleinerte Obst in der Schüssel und drück auf der Zitruspresse die halbe Zitrone sowie die Orange aus. Gieß den Saft in die Tasse und misch ihn mit dem Honig. Dann kippst du den gesüßten Saft über die Früchte und rührst alles noch einmal um. Zum Schluss streust du die Sonnenblumenkerne und die Kokosflocken darüber.

Apfelkompott mit Zimtcreme

Für 2 Naschkatzen

Das sind die Zutaten:
3 Äpfel
½ Zitrone
3 EL Rosinen
2 EL Zucker
4 EL Wasser
100 g Jogurt
1 EL Honig
½ TL Zimt
100 g süße Sahne

Diese Küchengeräte sollten nicht fehlen:
1 Küchenmesser
1 Schneidbrett
1 mittelgroßer Topf mit Deckel
1 Zitruspresse
1 Esslöffel, 1 Kochlöffel
1 mittelgroße Schüssel
1 Rührbecher
1 elektrischer Küchenquirl
1 Teelöffel
2 Dessertschälchen

1. Die Äpfel musst du in vier Teile schneiden, danach entfernst du die Schale und das Kerngehäuse. Nun schneid die Apfelstücke in dünne Scheiben und gib sie in den Topf.

2. Die halbe Zitrone drückst du auf der Zitruspresse aus und gießt den Saft über die Äpfel. Nun streu die Rosinen und den Zucker über die Äpfel und gib das Wasser dazu.

3. Leg den Deckel auf den Topf und bring den Inhalt zum Kochen. Dann rühr die Äpfel gut durch. Nach 5 Minuten stellst du den Topf neben den Herd und lässt die Äpfel gar ziehen.

4. Für die Creme verrührst du in der kleineren Schüssel den Jogurt mit Honig und Zimt. Die süße Sahne gießt du in das hohe Gefäß und schlägst sie mit dem elektrischen Küchenquirl steif. Wie du mit dem Quirl richtig umgehst, steht in diesem Buch auf Seite 48.

5. Nun kannst du die geschlagene Sahne unter den Jogurt heben. Verteil das Apfelkompott auf die beiden Schälchen und gib die Zimtcreme darüber. Das Kompott schmeckt warm und kalt gleichermaßen gut.

Rote Grütze

Für 2 Naschkatzen

Das sind die Zutaten:
200 g Kirschen ohne Kern
200 g geputzte Johannisbeeren
200 g Himbeeren
¼ l Kirschsaft oder Wasser
1 leicht gehäufter TL Speisestärke
4 EL Zucker

Diese Küchengeräte sollten nicht fehlen:
1 Sieb
1 mittelgroßer Topf
1 Messbecher
1 Teelöffel
1 Kochlöffel, 1 Esslöffel
2 Dessertschälchen

1. Leg die Früchte in das Sieb und wasch sie ganz kurz unter kaltem Wasser. Danach musst du sie gut abtropfen lassen.

2. Ungefähr die Hälfte der Früchte gibst du in den Topf und gießt den abgemessenen Saft oder das abgemessene Wasser hinzu.

3. Jetzt bringst du die Früchte mit dem Wasser zum Kochen. Inzwischen rührst du die Speisestärke mit ganz wenig kaltem Wasser glatt. Sobald die Flüssigkeit in dem Topf kocht, gießt du die Speisestärke hinein und rührst dabei gut um. Lass alles einmal aufkochen und füg den Zucker sowie die restlichen Früchte dazu.

4. Füll die feine Grütze in beide Schälchen und lass sie abkühlen.
Dazu schmeckt die Vanillesauce von Seite 116.

Schokoladencreme

Für 4 Naschkatzen

Das sind die Zutaten:
½ l Milch
1 P. Schokopuddingpulver
1 TL Kakaopulver
3 EL Zucker
1 Becher Sahnejogurt
4 EL Mandelblättchen
1 Mandarine

Diese Küchengeräte sollten nicht fehlen:
1 Messbecher
1 mittelgroßer Topf
1 Schneebesen
1 Esslöffel, 1 Teelöffel
4 Dessertschälchen

1. Bis auf einen kleinen Rest gießt du die abgemessene Milch in den Topf und bringst sie zum Kochen.

2. In der restlichen Milch verrührst du das Puddingpulver, das Kakaopulver und den Zucker.

3. Lauf möglichst nicht aus der Küche, denn Milch kocht schnell über. Sobald die Milch in dem Topf hochsteigt und kocht, kippst du das angerührte Puddingpulver in die Milch. Rühr den Pudding einmal um und lass ihn aufkochen, bis er Blasen wirft.

4. Sobald der Pudding lauwarm ist, mischst du den Jogurt darunter und verteilst die Creme auf vier Schälchen. Streu auf jedes Schälchen einige Mandelblättchen.

5. Die Mandarine musst du schälen und in ihre Segmente teilen. Mit diesen Scheiben garnierst du deine megastarke Schokoladencreme.

Schoko-tiramisu

Für 2 Naschkatzen

Das sind die Zutaten:
- 1 Ei
- 2 EL Zucker
- 100 g süße Sahne
- 3 Rippen Zartbitter-schokolade
- 125 g Mascarpone
- 10 Löffelbiskuits
- 3 EL Malzkaffee
- ½ Päckchen Vanillezucker
- etwas Kakaopulver

Diese Küchengeräte sollten nicht fehlen:
- 1 mittelgroße Schüssel
- 1 Esslöffel
- 1 elektrischer Küchenquirl
- 1 Rührbecher
- 1 kleiner Topf
- 1 Gabel
- 1 kleine Auflaufform

1. Zuerst musst du das Ei am Schüsselrand aufschlagen und das Eigelb in die Schüssel rutschen lassen (siehe Seite 113), das Eiweiß wird bei diesem Nachtisch nicht gebraucht.

2. Nun gib den Zucker zum Eigelb und schlag mit dem elektrischen Küchenquirl Eigelb und Zucker sehr schaumig. Wie du mit dem elektrischen Küchenquirl richtig arbeitest, steht in diesem Buch auf Seite 48.

3. Knapp die Hälfte der süßen Sahne erwärmst du in dem kleinen Topf und gibst die Schokolade in Stückchen hinzu. Die Sahne darf dabei aber nicht sprudelnd kochen. Rühr mit der Gabel die Schokolade und die Sahne so lange um, bis sich die Schokolade aufgelöst hat. Dann gieß die lauwarme Schokosahne zum Zuckerei und misch alles sehr gründlich.

4. Nun füg den Mascarpone in die Masse und rühr wieder alles gut um.

5. Die restliche Sahne und das halbe Tütchen Vanillezucker schlägst du mit dem abgespülten elektrischen Küchenquirl sehr steif.

6. Nun leg die Löffelbiskuits auf den Boden der Auflaufform und beträufel sie mit dem Kaffee. Dann gibst du die Creme darüber, deckst alles mit der süßen Sahne ab und streust noch ein wenig Kakaopulver obendrauf. Jetzt schnell ab damit in den Kühlschrank, und zwar für mindestens 2 Stunden.

Coco Banana

Für 2 Naschkatzen

Das sind die Zutaten:
6 EL Kokosflocken
4 EL Milch
1 Banane
3 TL Zucker
1 TL Vanillezucker
½ Zitrone
200 g Jogurt
4 Eiswürfel

Diese Küchengeräte sollten nicht fehlen:
1 Esslöffel
1 Mixer oder 1 elektrischer Schneidstab
1 Rührbecher
1 Schneidbrett
1 Gabel, 1 Teelöffel
1 Zitruspresse
1 Esslöffel
2 hohe Gläser
2 Trinkhalme

1. Wenn du einen Mixer hast, gibst du die Koskosraspel dort hinein, ansonsten in einen Rührbecher. Dann schüttest du die Milch dazu.

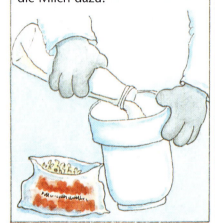

2. Jetzt kannst du die Banane schälen und mit der Gabel auf dem Schneidbrett zerquetschen. Gib das Mus zu den Koskosraspeln und füg den Zucker und Vanillezucker hinzu.

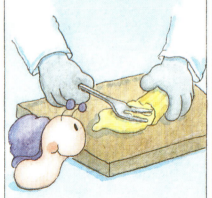

3. Die halbe Zitrone drückst du auf der Zitruspresse aus und gießt den Saft ebenfalls zu den anderen Zutaten. Fehlt nur der Jogurt.

4. Nun musst du alles mixen oder mit dem elektrischen Schneidstab pürieren. Es ist die gleiche Handhabung wie beim elektrischen Küchenquirl, nur dass am Ende keine Schneebesen aus dem Gerät herausragen, sondern schnell rotierende Messer (siehe Seite 48). Falls du mit der Bedienung nicht zurechtkommst, hilft dir bestimmt ein Erwachsener.

5. Gib in jedes Glas zwei Eiswürfel, gieß deinen Coco Banana darüber und steck einen bunten Trinkhalm hinein.

SCHON FERTIG!

Blaubeerkefir

Für 2 Naschkatzen

Das sind die Zutaten:
1 gut gefüllte Tasse TK- oder frische Blaubeeren
½ P. Vanillezucker
2 EL Zucker
abgeriebene Schale von ¼ unbehandelten Zitrone
250 g Kefir
etwas Schlagsahne aus der Sprühdose
oder ½ Becher süße Sahne

Diese Küchengeräte sollten nicht fehlen:
1 Tasse, 1 Sieb
1 Rührbecher
1 Esslöffel
etwas Küchenpapier
1 feine Reibe
1 elektrischer Mixer oder 1 Schneidstab
2 hohe Gläser

HIER SIEHST DU EINEN SCHNEIDSTAB UND EINEN MIXER!

1. Frische Blaubeeren (oder Heidelbeeren) schüttest du in das Sieb und wäschst die Früchte kurz unter kaltem Wasser ab. Danach die Beeren gut abtropfen lassen. Tiefgekühlte Blaubeeren lässt du in dem Rührbecher auftauen. Die abgetropften Blaubeeren kämen ebenfalls in das Gefäß. Ungefähr einen Esslöffel Blaubeeren legst du zum Garnieren beiseite.

2. Nun füg den Vanillezucker und den Zucker zu den Blaubeeren. Dann musst du die Zitrone gründlich unter möglichst heißem Wasser waschen und mit Küchenpapier trocken tupfen. Reib ungefähr ein Viertel der aromatischen Zitronenschale zu den gezuckerten Blaubeeren.

3. Jetzt kippst du den Kefir zu den Blaubeeren und mixt alle Zutaten gut durch. Die auf Seite 48 beschriebene Handhabung des elektrischen Küchenquirls entspricht der des Schneidstabs (siehe auch Seite 122).

4. Wenn der Blaubärkefir – pardon! – Blaubeerkefir schön schaumig ist, gießt du ihn in die beiden Gläser und sprühst auf jedes Glas etwas fertige Schlagsahne (oder du schlägst die süße Sahne mit dem restlichen Vanillezucker steif). Zum Schluss legst du die restlichen Blaubeeren auf die Sahne, und fertig ist ein feiner, erfrischender Cocktail.

OH! ETWAS ZUVIEL SAHNE!

Sahne-bonbons

Für 2 und mehr Naschkatzen

Das sind die Zutaten:
1 EL Sonnenblumenöl
75 g süße Sahne
4 EL Honig
300 g Zucker

Diese Küchengeräte sollten nicht fehlen:
1 Esslöffel
1 Küchenpinsel
1 flache Porzellanplatte
1 großer Topf
1 Kochlöffel
1 Waage, 1 Messer
Zellophanpapier

1. Zuerst bestreichst du die Porzellanplatte mit dem Öl. Das geht am besten mit dem Küchenpinsel.

2. In dem großen Topf verrührst du die Sahne, den Honig und den abgemessenen Zucker. Zum Rühren nimmst du den Kochlöffel.

3. Jetzt bringst du den Topfinhalt zum Kochen und schaltest dann sofort die Temperatur niedriger. Rühr die zukünftige Bonbonmasse so lange, bis sie hellbraun und dickflüssig geworden ist. Das dauert einige Minuten.

4. Lass die Masse in dem Topf 5 Minuten abkühlen, dann gießt du sie auf die eingeölte Porzellanplatte und streichst die Masse mit dem Messer glatt.

5. Sobald die Bonbonmasse abgekühlt, aber noch nicht hart ist, schneidest du sie mit dem Messer in viereckige Stücke. Fertig sind deine Bonbons!

6. Erst wenn die Sahnebonbons völlig abgekühlt sind, kannst du sie hübsch in Zellophanpapier einwickeln und verschenken – oder natürlich selber essen. Übrigens: Falls du ein paar Mandelstifte, Mandelblättchen oder gehackte Haselnüsse im Küchenschrank findest, kannst du sie unter die warme Bonbonmasse mischen.

Mandel-knusper-chen

Für 2 und mehr Naschkatzen

Das sind die Zutaten:
2 Tafeln Vollmilch-,
Zartbitter-
oder weiße Schokolade
(200 g)
200 g Mandelstifte

Diese Küchengeräte sollten nicht fehlen:
1 kleiner Kochtopf
1 Porzellanschüssel, etwas kleiner als der Topf
1 Esslöffel, 2 Topflappen
1 Untersetzer, 2 Teelöffel
1 großer Bogen Backpapier
Pralinenhütchen

1. Die Schokoladentafeln brichst du in kleine Stücke und legst sie in die Schüssel. Dann füllst du den kleinen Topf zur Hälfte mit Wasser und bringst es zum Kochen.

2. Jetzt setzt du die Schüssel mit den Schokoladenbröckchen hinein und lässt sie so schmelzen. Dabei kannst du öfter mit dem Esslöffel umrühren.

3. Wenn die Schokolade geschmolzen und flüssig ist, packst du die heiße Schüssel und stellst sie auf den Untersetzer. Den Herd schaltest du aus.

4. Nun mischst du die Mandelsplitter unter die flüssige Schokolade und lässt sie etwas fester werden.

5. Dann kannst du mit zwei Teelöffeln auf das Backpapier kleine Häufchen setzen. Im Kühlschrank müssen die Mandelknusperchen über Nacht trocknen. Dann legst du sie in die Pralinenhütchen.

Du kennst ja Alfreds Losung: Selber essen macht am meisten Spaß! Aber auch zum Verschenken eignen sie sich.

Schokoladenfondue

Für 4 Naschkatzen

Das sind die Zutaten:
250 g süße Sahne
200 g Vollmilchschokolade
200 g Zartbitterschokolade
1 unbehandelte Orange
1 P. Vanillezucker
1 Banane
250 g Erdbeeren
2 Kiwis, 1 Birne, ½ Zitrone
1 kleine Dose Ananas
2 EL Ananassaft

Diese Küchengeräte sollten nicht fehlen:
1 Fondueset mit Topf, Rechaud, Tellern und Gabeln
1 kleine Reibe
1 Zitruspresse
1 kleines Küchenmesser
1 Schneidbrett
1 Kochlöffel
1 Dosenöffner
1 große Platte
1 Esslöffel

1. Die Sahne gießt du in den Topf und gibst in kleinen Stückchen die Schokolade dazu. Die Orange wäschst du unter recht heißem Wasser und reibst je nach Geschmack etwas von der Schale zur Schokosahne.

2. Aus der geschälten Orange löst du die einzelnen Segmente heraus. Leg sie auf die große Platte.

3. Jetzt streu den Vanillezucker zur Schokosahne und erwärm alles langsam auf dem Herd. Dabei musst du öfter umrühren, damit die Schokolade nicht anbrennt.

4. Schäl die Banane und schneid sie in Scheiben. Leg diese auf die große Platte. Die Erdbeeren wäschst du kurz unter kaltem Wasser und gibst sie ebenfalls auf die Platte. Die Kiwis musst du schälen und längs achteln. Die Birne schneidest du in kleine Stücke und entfernst das ungenießbare Kerngehäuse. Leg auch diese Frucht auf die Platte.

5. Nun drück den Saft von der halben Zitrone auf der Zitruspresse aus und beträufel damit die Bananen- und Birnenstücken.

6. Jetzt musst du die Dose mit den Ananasscheiben öffnen. Falls du das nicht kannst, hilft dir dabei sicherlich ein Erwachsener. Zwei Esslöffel Saft rührst du unter die heiße Schokosahne, den Rest kannst du trinken. Die Ananasscheiben schneidest du in nicht zu kleine Stücke und legst auch sie auf die große Platte.

7. Jetzt kannst du die Schokoladensahne auf das Rechaud stellen. Jeder nimmt mit seiner Gabel ein Stückchen Obst seiner Wahl auf und tunkt es in die heiße Schokolade.

SCHON FERTIG!

Rezeptverzeichnis

Brote
Bananenbrötchen 34
Bunte Brotspieße 38
Buntes Sandwich mit kaltem Braten 23
Eibrot mit Paprika und Kresse 21
Gefüllte Brottaschen 36
Heißes Brokkolibaguette 45
Radieschensalat mit Frischkäse 22
Schinken-Käse-Brot 24
Sechskornburger 35
Wurstsalat-Brötchen 37

Eierspeisen
Eibrot mit Paprika und Kresse 21
Eiersalat 109
Schinkenrührei mit Kresse 29
Spiegeleier auf Tomaten 28

Fleischgerichte
Grüne Nudeln mit Schnitzelstreifen in Sahnesauce 58
Hühnerspieße mit Bratkartoffeln 86
Kartoffelpüree mit Hähnchenkeulen 90
Nudelsalat mit Frikadellen 60
Putengeschnetzeltes mit Naturreis 68
Rindfleisch mit Safranreis 66

Gemüsegerichte
Apfel-Möhren-Salat 105
Gefüllte Paprikaschoten 74
Gefüllte Tomaten 41
Gemüsepaella 70
Heißes Brokkolibaguette 45
Liptauerschiffchen 38
Makkaroniauflauf mit Blumenkohl 56
Möhrensuppe 100
Tomaten mit Mozzarella 39
Tomatensalat 103
Tomatensuppe mit Grünkernklößchen 96
Tzatziki mit Gurke 40
Zucchinisalat 108

Kartoffelgerichte
Fruchtiger Kartoffelsalat 93
Gefüllte Ofenkartoffeln 82
Hühnerspieße mit Bratkartoffeln 87
Kartoffelauflauf 84
Kartoffelbreiauflauf 92
Kartoffelplätzchen 86
Kartoffelpuffer mit Apfelmus 80
Kartoffelpüree mit Hähnchenkeulen 90
Kartoffelstäbchen 91
Kartoffelsuppe 89
Pellkartoffeln mit Tzatziki 88

Nudelgerichte
Grüne Nudeln mit Schinkenstreifen in Sahnesauce 58
Makkaroniauflauf mit Blumenkohl 56
Muscheln in Käsesauce 50
Nudelsalat mit Frikadellen 60
Penne mit Ragout 52
Spaghetti mit Tomatensauce 48
Tortellini mit Erbsen und Schinken 51
Vollkornhörnchen mit Paprika-Pilz-Sauce 54

Obstspeisen

Apfelkompott mit
   Zimtcreme   118
Aprikosen-Fleisch-Spieße mit
   Basmatireis   64
Blaubeerkefir   123
Bunte Obstspieße mit
   Vanillesauce   116
Endivien-Apfel-Salat   105
Früchtequark   17
Grießauflauf mit Banane   113
Haselnusspuffer mit
   Kirschen   114
Kartoffelpuffer mit
   Apfelmus   80
Käse-Obst-Spieße   32
Müsli mit Himbeeren und
   Erdbeeren   16
Nussdip mit Früchten   44
Obstsalat   117
Rote Grütze   119

Reisgerichte

Aprikosen-Fleisch-Spieße mit
   Basmatireis   64
Bunter Milchreis   112
Gefüllte Paprikaschoten   74
Putengeschnetzeltes mit
   Naturreis   68
Reissalat à l'Alfred   76
Rindfleisch mit Safranreis   66

Salate

Apfel-Möhren-Salat   105
Bunter Feldsalat   106
Eiersalat   109
Endivien-Apfel-Salat   102
Fruchtiger Kartoffelsalat   93
Gemischter Sommersalat   107
Grüner Salat mit Banane   104
Nudelsalat mit Frikadellen   60
Reissalat à l'Alfred   76
Tomatensalat   103
Zucchinisalat   108

Snacks

Gefüllte Hörnchen mit Kräuter-
   quark   26
Gefüllte Tomaten   41
Gewürzter Camembert   20
Käse-Obst-Spieße   32
Liptauerschiffchen   38
Müsli mit Himbeeren und
   Erdbeeren   76
Nussdip mit Früchten   44
Porridge   19

Schinkenbrezeln mit
   Möhrenkost   25
Tomaten mit Mozzarella   39
Tzatziki mit Gurke   40

Süßspeisen

Apfelkompott mit
   Zimtcreme   118
Blaubeerkefir   123
Bunte Obstspieße mit
   Vanillesauce   116
Bunter Milchreis   112
Coco Banana   122
Früchtequark   17
Grießauflauf mit Banane   113
Haselnusspfeffer mit
   Kirschen   114
Mandelknusperchen   125
Obstsalat   117
Rote Grütze   119
Sahnebonbons   124
Schokoladencreme   120
Schokoladenfondue   126
Schokotiramisu   121
Spaghettieis   115

Suppen

Feine Grießsuppe   18
Flädlesuppe   98
Kalte Jogurtsuppe   101
Kartoffelsuppe   89
Möhrensuppe   100
Tomatensuppe mit
   Grünkernklößchen   96